世界历史穿越报

SHIJIE LISHI CHUAN YUE BAO

用有趣的文字
讲真实的历史

世界大战

彭凡 / 著

全国百佳图书出版单位
化学工业出版社
·北京·

图书在版编目（CIP）数据

世界历史穿越报.世界大战／彭凡著.—北京：化学工业出版社，2022.4（2025.1重印）
ISBN 978-7-122-40928-7

Ⅰ.①世… Ⅱ.①彭… Ⅲ.①世界史-儿童读物 Ⅳ.①K109

中国版本图书馆CIP数据核字（2022）第039525号

责任编辑：孙　炜　　　　　　　　文字编辑：贾全胜
责任校对：李雨晴　　　　　　　　装帧设计：尹琳琳

出版发行：化学工业出版社（北京市东城区青年湖南街13号　邮政编码100011）
印　　装：北京宝隆世纪印刷有限公司
710mm×1000mm　1/16　印张12　2025年1月北京第1版第5次印刷

购书咨询：010-64518888　　　　　　　售后服务：010-64518899
网　　址：http://www.cip.com.cn
凡购买本书，如有缺损质量问题，本社销售中心负责调换。

定　　价：39.80元　　　　　　　　　　　　　　　版权所有　违者必究

世界历史穿越报
· 世界大战 ·

前 言

每个民族，都有自己的过去。

每个国家，都有自己的历史。

那么，那些跟我们不同肤色、不同语言的人们，他们又是从哪里来的呢？

他们会不会和我们一样，也有自己的黄河母亲？

他们是怎么学会说话和写字的？

他们也爱吃米饭跟馒头吗？

他们也穿丝绸做的衣裳吗？

他们也有皇帝吗？他们的皇帝跟我们的皇帝一样拥有至高无上的权力吗？

他们创造过哪些了不起的成就和辉煌呢？

也许，他们有很多跟我们一样的地方，但他们一定也有很多跟我们不一样的地方。

为了搞清楚这些问题，我们报社的工作人员全体出动，乘坐时光机，穿越遥远的时空，去探访世界各地的人们曾经是怎么生活的，去见证在他们身上发生过哪些波澜壮阔的事情。

我们将采访到的一切，都刊登在《世界历史穿越报》中。我们将报纸做成一个合订本，每册有10~12期。这套《世界历史穿越报》一共有十个合订本，分别记录了我们在不同时空、不同国家的所见所闻。

  每一期报刊都是我们冒着生命危险，辛苦采访和探寻的结晶，相信里面精彩的栏目和内容一定会让你大饱眼福——

  "世界风云"是主打栏目。这里刊登的全是世界大事，譬如国家的诞生、战争与荣耀，以及帝王的生平事迹，等等。

  "自由广场"是一个有趣的栏目。这里刊登了我们在各个时空的酒吧中搜集的各种奇奇怪怪的言论。你会发现，古人和今人一样，也喜欢聚在一起讨论各种八卦新闻呢。

  "奇幻漂流"是我们专门为历史人物设立的一个来信栏目。他们遇到疑惑和烦恼，会给报社来信，我们有专业的编辑贴心为他们解答疑惑，抚慰他们的心灵。

  "名人来了"是一个采访栏目。我们派出报社最八卦、最大胆的记者越越，去采访当时最杰出、最有争议的名人，挖掘他们的内心世界，将他们最真实的一面展现给大家。

  另外，我们还有"智慧森林""嘻哈乐园""广告贴吧"等栏目，为大家展现当时最先进的科学技术，最时髦的文化潮流，以及一些五花八门的广告、漫画等，一定让你目不暇接，忍俊不禁。

  最后，我们希望读者们能够通过这套报刊，学到知识，认识世界，然后成为一个视野开阔、见识广博的人。

目 录

第❶期　走向科学时代

【顺风快讯】	瑞典举行第一次诺贝尔奖颁奖典礼	2
【世界风云】	绿光来自哪里	3
	获得两次诺贝尔奖的女人	5
	巴甫洛夫和他的狗	8
【奇幻漂流】	爱因斯坦和他的"相对论"	11
【自由广场】	世界越变越小	12
【名人来了】	特约嘉宾：诺贝尔	13
【广告贴吧】	飞行表演即将开始	15
	防X射线服装特别订制	15
	欢迎参加《吉檀迦利》座谈会	15

第❷期　大战之前

【顺风快讯】	八国联军攻打北京	17
【世界风云】	日俄战争，中国吃大亏	18
	伊藤博文被刺，日本吞并朝鲜	21
【奇幻漂流】	要不要联盟	23
【自由广场】	摩洛哥又出事了	25
【智慧森林】	巴拿马运河：将太平洋和大西洋连起来	26
【名人来了】	特约嘉宾：威廉二世	28
【广告贴吧】	向"泰坦尼克号"遇难者致哀	30
	总统举办首次记者招待会	30
	现代舞演出预告	30
	寻人启事	30

第❸期 第一次世界大战

【顺风快讯】	奥匈帝国皇储夫妇被暗杀	32
【绝密档案】	谁是"萨拉热窝事件"的罪魁祸首	33
【世界风云】	世界大战爆发了	34
	"施里芬计划"泡汤了	36
【自由广场】	战争是一台绞肉机	39
【奇幻漂流】	美国应该参战吗？	40
【世界风云】	可恶的世界大战终于结束了	41
【名人来了】	特约嘉宾：乔治五世	43
【广告贴吧】	流感来袭了	45
	给鸽子治伤	45
	战时快递	45
	招募女性助理	45
【智者为王】	智者为王第1关	46

第❹期 十月炮响

【顺风快讯】	二月革命，和沙皇说拜拜	48
【世界风云】	十月炮响，工农翻身做主人	50
【奇幻漂流】	俄国退出世界大战	53
【世界风云】	苏联：人人有饭吃，有衣穿	54
【自由广场】	又要走资本主义老路吗	56
【世界风云】	"铁人"斯大林和他的"五年计划"	57
【名人来了】	特约嘉宾：尼古拉二世	58
【广告贴吧】	来吧，火箭爱好者们	60
	《我的大学》即将出版	60

第 5 期　不是和平是休战

- 【顺风快讯】巴黎和会在凡尔赛宫召开 ... 62
- 【世界风云】巴黎分赃，一场闹剧 ... 63
- 【自由广场】亡国只因站错队 ... 66
- 【奇幻漂流】皇帝之死 ... 67
- 【世界风云】九国齐聚华盛顿，美日结仇 ... 68
  　　　　　"土耳其之父"凯末尔 ... 71
- 【名人来了】特约嘉宾：威尔逊 ... 73
- 【广告贴吧】德国举行总统大选 ... 75
  　　　　　国王被猴子咬伤 ... 75
  　　　　　出国申请书 ... 75

第 6 期　繁荣与危机

- 【顺风快讯】美国步入黄金时代 ... 77
- 【自由广场】虚假的繁荣 ... 78
- 【世界风云】"大萧条"来了 ... 79
- 【绝密档案】经济危机是如何产生的 ... 81
- 【奇幻漂流】危机何时才会结束 ... 83
- 【智慧森林】我要飞向太空 ... 84
- 【名人来了】特约嘉宾：富兰克林·罗斯福 ... 86
- 【广告贴吧】植树造林，防沙尘暴 ... 88
  　　　　　招工启事 ... 88
  　　　　　关于保险的若干规定 ... 88
- 【智者为王】智者为王第 2 关 ... 89

第 7 期　法西斯上台

【顺风快讯】	向罗马进军	91
【世界风云】	法西斯和它的创始人	92
【自由广场】	实在赔不起，怎么办	93
【世界风云】	希特勒的奋斗之路	94
	谁是国会大厦的纵火犯	96
【奇幻漂流】	我再也不回德国了	99
【世界风云】	九一八事变，日、德先后"退群"	100
【名人来了】	特约嘉宾：墨索里尼	103
【广告贴吧】	马奇诺防线开始施工	105
	世界上第一个国际电影节即将召开	105
	教授也可以被解雇	105

第 8 期　法西斯的阴谋

【顺风快讯】	《凡尔赛和约》成废纸	107
【世界风云】	意大利入侵埃塞俄比亚	108
	西班牙发生内战	110
	二二六兵变，日本走上法西斯道路	112
【自由广场】	德意日联盟，世界大战又要爆发	114
【奇幻漂流】	战争迟早是要来的	115
【名人来了】	特约嘉宾：希特勒	117
【广告贴吧】	给美国的道歉书	119
	与犹太人有关的各项禁令	119
	关于最低工资的建议	119

第9期 第二次世界大战全面爆发

【顺风快讯】	波兰"突袭"德国 ················· 121
【世界风云】	奇怪的战争 ···················· 122
	敦刻尔克的奇迹 ················ 123
	不列颠空战,一场飞机与飞机的较量 ···· 125
【奇幻漂流】	德军真的要进攻苏联吗 ············ 127
【自由广场】	可恶的日本侵略者 ················ 129
【名人来了】	特约嘉宾:戴高乐 ················ 130
【广告贴吧】	征船急讯 ······················ 132
	加快飞机制造 ··················· 132
	招募飞行员 ···················· 132
	美国继续保持中立 ················ 132
【智者为王】	智者为王第3关 ················· 133

第10期 伟大的转折

【顺风快讯】	日本偷袭珍珠港 ················· 135
【自由广场】	日本为何突袭美国 ················ 136
【世界风云】	中途岛战役,美国痛打日本 ·········· 137
	"可怕"的斯大林格勒之战 ·········· 140
	蒙哥马利沙漠猎"狐" ·············· 143
【奇幻漂流】	意大利该如何选择 ················ 145
【名人来了】	特约嘉宾:罗斯福 ················ 146
【广告贴吧】	急需罐头原料 ··················· 148
	联合国家宣言 ··················· 148
	每人献出一粒米 ················· 148

第 11 期　抗战联盟

- 【顺风快讯】盟军三巨头碰面啦 ······150
- 【世界风云】诺曼底登陆成功 ······151
- 【绝密档案】"死亡工厂"——奥斯威辛集中营 ······153
- 【世界风云】希特勒的末日 ······155
- 【奇幻漂流】美国的秘密武器 ······157
- 【自由广场】"二战"实力谁最强 ······158
- 【名人来了】特约嘉宾：丘吉尔 ······159
- 【广告贴吧】波茨坦公告 ······161
- 　　　　　　患者的福音 ······161
- 　　　　　　一起来摇摆吧 ······161

第 12 期　和平来了

- 【顺风快讯】联合国成立了 ······163
- 【自由广场】天皇为何没有被列为战犯 ······164
- 【世界风云】美苏冷战，针锋相对 ······166
- 　　　　　　他让印度赢得了独立 ······169
- 【奇幻漂流】为什么要把我们的土地分给犹太人 ······171
- 【智慧森林】毕加索与和平鸽 ······172
- 【名人来了】特约嘉宾：杜鲁门 ······173
- 【广告贴吧】史上第一台电脑诞生了 ······175
- 　　　　　　欢迎加入北约 ······175
- 　　　　　　热烈庆祝 ······175
- 【智者为王】智者为王第 4 关 ······176
- 【智者为王答案】······177
- 【世界历史大事年表】······179

第1期
〖1895—1914年〗
走向科学时代

穿越必读

18世纪末到20世纪初,现代科学取得了飞速发展。X射线、铀射线以及镭的发现,还有相对论的创立,为人类探索未来世界打开了新的大门。越来越先进的科学发明,使得各国之间、各洲之间的距离越来越近,世界也变得越来越小了。

顺风快讯

瑞典举行第一次诺贝尔奖颁奖典礼
——来自斯德哥尔摩的快讯

来自斯德哥尔摩的快讯

（本报讯）1901年12月10日下午，第一届诺贝尔奖颁奖仪式在瑞典首都——斯德哥尔摩音乐厅隆重举行。来自世界各地的1000多名杰出人才出席了这场盛会。

"诺贝尔奖"，是以科学家诺贝尔的名字设立的，1901年12月10日也是这位科学家逝世5周年的纪念日。

诺贝尔不光是一名出色的化学家、工程师以及发明家，在经商方面，他也是个奇才。他一生拥有300多项发明，开设了100多家公司和工厂，财产相当丰厚。

临终前，他立了一份遗嘱，要把这些财产全部捐献出来，作为一笔基金存入银行，将每年得到的利息分成5份，奖励在过去的一年中对人类做出重大贡献的人。不管这个人是男是女，也不管这个人是瑞典人还是外国人，只要成就够大，都有资格获得。

也就是说，每一个获得诺贝尔奖的人，不光会收获极高的名誉和掌声，还会获得一笔丰厚的奖金呢！

绿光来自哪里

第一个获得诺贝尔物理学奖的，是一位德国人，叫伦琴。他能够获得这个奖项，是因为一个偶然的发现。

伦琴既是一名物理学家，同时也是一位大学校长。由于白天工作繁忙，他只有晚上才有时间做实验。

一天晚上，他像往常一样，来到实验室，关上所有的门窗，然后把一个真空放电管用一块黑色的纸遮盖起来，让整个房间变得黑漆漆的，才开始做实验。

可是，当他接通电源的时候，突然发现工作台上居然出现了一点绿色的闪光！

"这是哪来的光？"伦琴百思不得其解，于是切断了电源。

奇怪的是，真空放电管熄灭了，绿色的闪光也消失了！他一连试了几次，都是如此。

是什么东西引起的呢？伦琴点燃火柴一看，原来是工作台上的一块荧光屏发出来的！

咦，荧光屏为什么会发光呢？莫非是放电管中放出一种

这是哪来的光？如此奇妙！

世界风云

不如就叫它X射线吧!

看不见的射线,照在荧光屏上引起的吗?

伦琴随手拿起一本书,把它挡在放电管和荧光屏之间。奇怪的是,荧光屏还在发光。就算是挪到另一个房间,那荧光屏还在发光!

——天哪,这是什么样的魔鬼射线,居然能穿透固体物质!

伦琴激动不已,接下来的日子里,他一头埋进了实验室,一而再再而三地做着同一个实验。

他惊喜地发现,这种射线不仅能穿透书本、木板、玻璃板,还能穿透人的肌肉,把人体的内部骨骼看得清清楚楚。

"噢,亲爱的,这么神奇的射线,我们该叫它什么好呢?"伦琴问妻子。

妻子回答道:"既然你都不知道,那就叫X射线好了!"

X射线的发现,轰动了整个世界。医生们通过它,可以更准确地给病人看病。由于它的应用价值极大,有人想花一大笔钱买断伦琴的专利权,被伦琴拒绝了。他说:"在我发现以前,X射线就一直存在!它属于全人类,并不属于我一个人!"

为了纪念伦琴的发现,人们又把X射线叫作"伦琴射线"。

世界风云

获得两次诺贝尔奖的女人

我们知道,获得诺贝尔奖的难度很高,只有顶尖级的、并且活着的人才,才能够得到这个殊荣。然而,有一个女人,不但获得了诺贝尔奖,还一连获得了两次。

这个非比寻常的女人,名叫玛丽,出身于波兰,从小成绩就十分优秀。可是因为波兰的女孩子很难有上大学的权利,所以她只好背井离乡,到法国巴黎求学。

大学毕业后,她和一位年轻的物理学教授皮埃尔·居里结了婚,加入了法国籍——没错,她就是大名鼎鼎的居里夫人!两口子情趣相投,教学之余,几乎把所有时间都花在了实验室里。

1896年,法国有位科学家发现,有种叫铀的矿物能放射出一种与X射线相似的光线。居里夫人也对这种射线产生了浓厚的兴趣。通过实验,她得到一个更有趣的发现——

世界风云

能放出射线的不只有铀,还有钍,而且有的矿石的放射性比铀和钍要强得多。因此,她大胆推测:一定还有一种未被发现的放射性元素!

在两口子的共同努力下,1898年,他们不但发现了新的元素,而且一下子发现两种!为了纪念祖国波兰,居里夫人给第一种取名为"钋",第二种则取名为"镭"("放射"的意思)!

可是,很多科学家不相信它们的存在,嚷嚷着:"如果真有镭,那就拿出来,让我们瞧瞧吧!"

拿就拿!于是两口子借用了学校一间废弃的小木棚,开始想办法提取纯净的钋和镭。

这并不是一件容易的事:先要把一吨重的矿石捣碎,成堆成堆地倒进锅里,一锅一锅地加热煮沸,同时用一根粗大的铁棍在锅里不停地搅拌,然后再把这些沸腾的溶液倒入一个罐子。整个木棚弥漫着刺鼻的、有毒的气味,呛得人眼泪直流,咳嗽不止。就这样,熔化、过滤、倒出、再熔化……一天下来,两个人浑身像散了架似的,疲惫不堪。

功夫不负有心人。1902年1月的一个晚

世界风云

上，两个人再次来到实验室，发现里面闪烁着蓝色的荧光，宛若童话里的神灯——

"呀，是镭在发光！"

居里夫妇激动不已——他们终于从一吨的矿渣里，提炼出了0.1克的镭盐！从此，再也没人敢怀疑镭的存在了！

1903年，居里夫妇同时获得了诺贝尔物理学奖。不幸的是，三年后，皮埃尔·居里在路上被马车撞倒，当场死亡。1911年，居里夫人因成功地分离出纯镭，被授予诺贝尔化学奖。

就这样，居里夫人成为诺贝尔奖有史以来第一个女性获得者，也是唯一一个既获得物理学奖，又获得化学奖的科学家。

镭的发现，为人类探索原子世界的奥秘打开了大门，人们尊敬地称居里夫人为"镭的母亲"。

世界风云

巴甫洛夫和他的狗

从前,俄国有一个小男孩,他的父亲是一名乡村牧师,所以,他小时候的梦想是像父亲一样,当一名牧师。

在他家附近,有户人家,养了一条狗。为了防止它乱跑,主人用锁链套在狗的脖子上。那狗见到人就狂吠不止,凶得吓人。

孩子们都远远地躲着,不敢靠近。只有这个小男孩一点儿也不害怕,还走了过去。

"危险!它会咬人的!"

"不会,我有办法让它不叫!"

小男孩走过去,把锁链从狗的脖子上取了下来——咦,那狗不但停止了狂吠,还温顺地摇着尾巴,接受他的抚摸呢!

读者朋友,你知道这是怎么回事吗?

小男孩也不知道,他更没有想到,以后他会成为一名生物学教授,和狗打了一辈子的交道。

没错,这位善良的小男孩,就是俄国著名科学家巴甫洛夫。

在大学,巴甫洛夫的主要任务,就是研究狗的消化情况。

有一次,他在狗的身上做了一个手术,把狗的

世界风云

食道从颈部中央割断，引出体外，缝在狗的身上。同时，在狗的胃部接上一根橡皮管。准备好后，他端来一盘食物，放在狗的面前。

结果，狗吃下去的食物，从食道中掉了出来，又落到了盘子里。狗不停地吃啊吃，胃里却一直空空如也。奇怪的是，食物虽然没有进入狗的胃里，橡皮管里却流出了大量的胃液。

这个实验证明，只要大脑神经收到"食物来了"的信号，就会马上传给胃，让它准备消化。这样，食物还没进来，胃液就已经分泌出来了。

那这样的反应是不是天生就有的呢？巴甫洛夫脑筋一转，开始了另一个实验——在给狗喂食之前，打开电灯。

一个奇特的现象出现了：一开始，狗对灯光根本没有一点反应，也不会流口水。可投喂多次以后，只要灯光一亮，即使不喂食物，狗也会流出口水。

也就是说，只要人为地创造一个条件，后天也会产生类似的反应。就像那条被锁住的狗，因为套上锁链感到不安，才会对人狂吠，以此保护自己。而一旦解下这个锁链，它的不安消除了，就会变得温顺起来。巴甫洛夫把这个现象叫作"条件反射"。

因为这个伟大的理论，1904年，巴甫洛夫荣获了诺贝尔奖第一个生理学或医学奖。在获奖致辞中，他不仅感谢了他的助手，还感谢了那群被他"虐待"的狗呢！

奇幻漂流

爱因斯坦和他的"相对论"

编辑老师:

您好!最近(指1905年)突然冒出了一个什么相对论,震动了整个科学界。人们不仅对它推崇备至,还给它的创立者——26岁的爱因斯坦戴了顶高帽,称他是"20世纪的哥白尼"!

老实说,虽然我是个科学迷,但这个相对论,我翻了好几遍,怎么也看不懂。这个爱因斯坦到底是个什么人呢?您能用最简单的话解释一下,什么是相对论吗?

一个看不懂相对论的科学迷 约翰

约翰先生:

您好!这个爱因斯坦不是怪人,而是一个犹太人。他出生在德国,大学是在瑞士上的。您知道,犹太人头脑十分聪明。爱因斯坦喜欢数学、哲学等,工作之余还常常进行科学研究。

可是,什么是相对论呢?您可真是给我出了个难题。这是一个全新的概念,据说全世界只有几个高明的科学家能看得懂他这个理论。

打个比方吧,如果您的身旁坐了个好朋友和您聊天,即使坐了两个小时,您也会觉得只过了1分钟;但如果是老师给您训话,就算您只坐了1分钟,您可能也觉得坐了两个小时。当然,这只是我理解中的"相对"论,也不是什么"绝对"权威解释。如果您想了解得更透彻一些,那就好好学习,争取有一天能当面向爱因斯坦先生请教吧。

总之,相对论是个伟大的理论,未来会因为它而被改变。虽然很少有人能读懂爱因斯坦的相对论,但这并不影响他成为一个伟大的人。

编辑 穿穿

自由广场

世界越变越小

加拿大某电报爱好者

好消息!意大利科学家马可尼利用无线电波,在加拿大和英国之间进行通信实验,成功啦!有了它,以后我们再也不怕坐船出海会失联啦!

昨天(指1903年12月17日),美国的莱特兄弟开着他们的"飞行者一号"上天了!这可是人类第一次像鸟一样在天空飞翔!开始我们都还不敢相信!哎,这对兄弟可真了不起啊!

美国某记者

美国某汽车公司销售员

以前,每装配一辆汽车要700多个小时,一年才生产12辆车!自从我们的"汽车大王"福特实行流水线作业之后,我们工厂一年能生产几十万辆车!你看,现在路上汽车越来越多了!

以前花几十天的工夫才能到达的地方,现在搭乘火车、汽车、飞机,几天就能到了;以前几千里外的人和事,我们压根见不到也听不到,现在发生一点小事,我们都能知道了。世界是越变越小,真不知道是好还是坏啊!

德国某科学家

名人来了

特约嘉宾
诺贝尔
（简称"诺"）

越越
（简称"越"）

> 嘉宾简介：一个典型的、极富天才的发明家，拥有敏锐的直觉和非凡的创造力，不仅把自己的毕生精力献给了科学事业，还把自己的全部遗产献给了科学事业，他的名字将在人类的文明史册中熠熠生辉。

越：哇，能亲眼见到"炸药大王"，我真是太荣幸了！

诺：咳咳咳……不客气……

越：请问，您是如何想到要研制炸药的呢？

诺：你知道路是怎么修出来的吗？

越：我知道，是工人们用铁锤这些工具，开山辟岭，一条一条砸出来的，很辛苦！——可这跟炸药有什么关系？

诺：如果能够发明一种炸药，把大山一下子炸开，那不是给开山辟路、钻隧打井的人省了很多力气吗？

越：把山炸掉！哇，您可真敢想！

诺：不怕做不到，就怕想不到！

越：对对对，那您的炸药是怎么研制出来的呢？

诺：一开始，我是把火药和硝化甘油混在一起……

越：是中国人发明的火药吗？火药本身是可以爆炸的啊！

诺：火药可以爆炸，但威力不够大。炸药的威力就大多了，"轰隆"一声响，整个大地都会震动！

越：恐怖！那研制炸药很危险啊！

诺：是的。我的弟弟和我的几个助手就是在一场实验中，被炸死了。周围的人都向政府反映，要求我们在市里停止这种恐怖的实验！

越：人命关天，是该停止了！

诺：若是放弃了，我弟弟他们不是白死了吗？正是因为失败过，才要发明更安全的炸药！

越：可大家不是不让您搞了吗？

诺：市里不能搞，就去郊外搞，去水上搞，只要不伤害别人就行！

越：那您自己呢？

诺：我光棍一条，无所谓啦！

名人来了

越：那也要注意安全啊！

诺：没事，后来我发明了雷管，做出了一种比较安全的炸药。

越：什么叫"比较"安全？

诺：就是，它还不是特别安全，稍稍受到碰撞或震动，就可能引起爆炸！有一列火车，还有一艘巨轮，就是因为运送这种炸药，车毁船沉，死了很多人！

越：那这次大家的意见不是更大了？

诺：甭说了，大家说我是杀人凶手，各国政府也禁止运输我的炸药。

越：这次您该停了吧？

诺：怎么能停呢？有了这次经验，后来我研制出了一种可以安全运输的烈性炸药。这一次，很多客户抢着订购呢！

越：那您终于苦尽甘来，发财啦！

诺：可是我万万没想到，我发明的炸药，被很多国家用于战争，很多人被炸死了！人们说如果我死了，世界就太平了！

越：您别往心里去，难道没有炸药，世界就和平了吗？

诺：可我的良心还是很痛啊！——小记者，有什么办法可以让我弥补我对人们造成的伤害吗？

越：这不是您的错，诺贝尔先生！您别太自责了！

诺：不如这样，我把我赚的钱全部捐出来，成立一个奖项，奖励那些为人类做出巨大贡献的人，算是我个人对人类做出的一点微薄贡献，你看如何？

越：哦，您做了个无比正确的决定，未来一定会有很多人记得您。

诺：咳咳咳……希望如此……

越：看来先生很不舒服，今天的采访就到这里吧，谢谢您！

广告贴吧

飞行表演即将开始

你想看看人类是如何像鸟儿一样，飞上蓝天的吗？

1908年9月10日，著名的莱特兄弟受本部邀请，将在本地阅兵场举行一次飞行表演。天气预报说，当天天气晴朗，所以请大家放心观看。

美国陆军部

防X射线服装特别订制

女士们先生们，您是不是担心伦琴先生发现的X射线会穿透你们的衣服，让别人看到你们的身体？现在，我们发明了一种防X射线的高级服装，让你们避开这种尴尬。欢迎大家前来订制！

友情提示：本服装需提前十天预约，不接急单噢。

防X射线服装经营店

欢迎参加《吉檀迦利》座谈会

本周星期三，亚洲第一位诺贝尔文学奖得主、印度史诗级诗人泰戈尔先生将莅临本地，召开文学座谈会，并将给大家当面朗诵他的得奖著作《吉檀迦利》。据说凡是听过这本诗集的人，都激动得说不出话来。相信您听了，一定也会被它深深打动。

泰戈尔文学座谈会组委会

第 2 期
【1900—1914 年】
大战之前

穿越必读

20 世纪初，欧洲列强瓜分世界的斗争日益激烈。为维护彼此在亚、非、欧三洲的利益，以英国为中心的三国协约和以德国为中心的三国同盟，展开了一场新的较量。

顺风快讯

八国联军攻打北京
——来自中国北京的加急快讯

（本报讯）甲午战败后，大清帝国的国际地位一落千丈。帝国主义列强趁火打劫，又是租借地盘，又是划分"势力范围"，把中国这块"肥肉"切成了好几块。

百姓们不堪重负，掀起了一场轰轰烈烈的义和团运动。他们烧教堂，杀教士，拆铁路，毁灭一些跟西洋有关的东西，扬言要把洋人赶出中国。

1900年5月，日本、美国、奥匈帝国、英国、法国、德国、意大利及俄国八个国家，以镇压义和团为名，组成一支庞大的联军，向北京发起进攻。

没多久，他们就攻进北京，在城里展开了一场大屠杀。转眼间，北京变成了一个恐怖的大坟墓，地上到处是中国人的尸体，一堆叠着一堆；城里的珍宝和文物也被抢劫一空，损失惨重。

消息传来，中国人一个个激愤难当。在民众的压力下，清政府一面假装向列强宣战，一面镇压义和团，向八国联军投降。

1901年9月，清政府被迫与各国签订了《辛丑条约》，赔款白银4.5亿两（加上利息将近10亿两），并且允许各国在北京、天津地区派兵驻守等，八国联军才心满意足地撤出北京。

来自中国北京的加急快讯

世界风云

日俄战争，中国吃大亏

1904年2月的一个晚上，旅顺港口的一艘军舰上，俄国的军官和家属们正在举行晚宴。人们翩翩起舞，谈笑风生，一直闹到深夜。

突然，外面传来"轰轰轰"几声巨响，船上的人吓了一跳，顿时乱作一团。

这时，一个军官慌慌张张地跑进大厅，说："不好了，日本舰队偷袭，把我们的三艘军舰炸掉了！"

日本居然偷袭，这还了得！俄国气得吐血，第二天立刻向日本宣战（史称日俄战争）。一时间，大批大批的军队像蚂蚁一般，涌入中国东北。

——咦，他们打架，为什么要跑到中国的领土上来呢？

原来，甲午战争之后，日本强迫清政府割让辽东半岛。这下，

世界风云

俄国人不乐意了，因为俄国很早就夺取了中国东北的大片土地，在他们眼里，那已经是他们的地盘。

于是，俄国伙同德国、法国，"正义凛然"地要求日本，立刻、马上把辽东半岛还给中国！

日本人刚刚打完一场大仗，元气大伤，不敢一下得罪三国，只好忍气吞声，接受了三国的"忠告"。

事后，俄国以"中国的恩人"自居，从大清拿到了修建铁路、租借旅顺的特权，向整个东北疯狂扩张。

因此，日本对俄国恨之入骨，暗暗发誓：一定要报仇雪恨！他们拿着大清的巨额赔款，"卧薪尝胆"，拼命发展军事，还与英国结盟，抱上了英国这条大腿。准备了十年，这次他们终于向俄国发起了挑战！

刚开始，俄国根本没把日本放在眼里，认为一个俄国兵能打三个日本兵。各国也都普遍看好俄国。

谁知，一路打下来，结果

你们不是一打三吗？跑啊！

世界风云

令人大跌眼镜！日本军队一鼓作气，先后攻占了辽阳、旅顺及沈阳。俄国因为准备不足，连连失利，最后被打得一败涂地，只好投降。

据说双方谈判时，日本也像对待中国一样，向俄国提出天价赔款，沙皇却压根不理，只淡淡地回复了八个字："要钱没有，不行再打！"

谈判结果，俄国承认朝鲜是日本的势力范围，并未经中国同意，将在中国东北的所有权利和辽东半岛都转让给日本，从此退出中国东北。

这场战争，日俄双方都损失惨重。但受害最大的、最无辜的，却是中国百姓。人们的粮食被抢走，房屋被炸毁，死伤无数。而无能的大清王朝，却只能眼睁睁地看着自己的国土被践踏，自己的百姓被欺凌。一个字：惨！

世界风云

伊藤博文被刺，日本吞并朝鲜

1909年秋天，中国东北发生了一起枪杀事件，震惊了整个东亚。被枪杀的人，是日本鼎鼎有名的前首相——伊藤博文。而刺客名叫安重根，是一个名不见经传的朝鲜人。

那么，安重根为何要去刺杀伊藤博文呢？

原来，日俄战争后，日本控制了大韩帝国，在朝鲜成立了统监府。表面上，朝鲜还是国王李熙（史称高宗）坐朝，实际上是统监伊藤博文说了算。

李熙是个有志气的人，不想当傀儡。1907年，第二届万国和平会议在荷兰海牙召开。李熙暗中派人前往海牙，希望各国列强能够帮助朝鲜，把日本人赶出去。

可列强们却说，韩国已经归日本保护了，外人无权干涉。有个朝鲜大使见没能完成使命，无颜回国，就在会场外自杀了。

消息传出后，伊藤博文恼羞成怒，率兵冲进王宫，把李熙训了一顿："陛下如果想抵抗日本，不必采用这种阴险手段，大可以公开宣战！"事后，

你对我有意见？

世界风云

李熙被迫把王位让给了儿子李坧（史称纯宗）。

自此，朝鲜王室成了日本手里待宰的羔羊，军队被解散不说，就连王宫的侍卫也换成了日本兵。

朝鲜人民对日本恨之入骨，纷纷举行反日起义，尤其是对伊藤博文，没有一个不想杀了他的。

事发当天，伊藤博文正准备去中国的哈尔滨，与俄国人见面。俄国还特别派人去迎接他。

没想到，安重根悄悄地躲在人群的后面。伊藤博文一露面，他就闪电般地掏出手枪，"砰砰砰……"连开7枪。伊藤博文连中3枪，当场倒在地上。

"抓刺客！""抓刺客！"当时现场乱作一团。奇怪的是，安重根得手之后，不但没有逃跑，还不急不忙地从怀里掏出一面朝鲜国旗，举过头顶，用俄语高喊："独立万岁！"

独立万岁！

俄国兵一拥而上，不费吹灰之力就抓住了他。几个月后，安重根在日本监狱英勇就义。

虽然伊藤博文死了，但日本人的侵略步伐并没有停下来。1910年10月，日本废掉纯宗，正式吞并朝鲜。有着500多年历史的李氏王朝，就这样灭亡了。

奇幻漂流

要不要联盟

编辑老师：

你好！这些年，世界形势是越来越复杂了。先是德国与奥匈帝国、意大利成立了三国同盟，接着是法、俄两国凑在一块，结成了盟友。

至于我大英帝国，一向不愿意跟别人拉帮结派，只要周边的国家保持势力均衡，不会对英国构成威胁，他们想怎样都行。

可现在，我那德国外甥不知道吃错了什么药，竟然疯了似的扩张海军。要知道，海军是我们大英帝国的王牌，也是我们的底线，是绝对不能触碰的。他这么做，不是在向我们英国叫板吗？

最近，法国和俄国正在频频向我示好。一个是英国的世仇，一个是英国最强的竞争对手。你说，我该不该为了对付我外甥，与他们结盟呢？

英国国王　爱德华七世

国王陛下：

您好！有句话说得好："没有永远的朋友，也没有永远的敌人，只有永恒不变的利益。"从前的敌人，可能变成朋友；从前的朋友或者亲戚，也可能变成敌人。

未来，谁会是大英帝国在欧洲的最大敌人呢？如您所说，不是法国，不是俄国，而是德国。德国不会甘心永居大英之后，英国也不会甘心被德国抢在前头。

现在既然德国已经找了盟友，你们也不要再坚持"光荣孤立"那一套了，赶紧与德国的眼中钉法国和俄国结盟吧。这样，德国有三国同盟，英国有三国协约，大家势均力敌，谁也不用怕谁啦！

编辑　穿穿

（注：英国于1904年、1907年先后与法国、俄国结盟，加上1894年的法俄同盟，促使这三个国家走到了一起，史称三国协约。自此，欧洲分成三国同盟和三国协约两个阵营，既相互扶持，又互相斗争。）

嘻哈乐园

自由广场

摩洛哥又出事了

北非的摩洛哥又开始闹事了！这摩洛哥本来是受我们法国保护的国家，为了保护侨民，我们法国派兵去帮忙镇压，天经地义。怎么德国也来插一脚？！

法国某市民

法国某服装商人

又是德国人？上一次摩洛哥闹独立，就是他们这根搅屎棍引起的！幸好英国出来做好人，让大家开会投票，这才把摩洛哥还给我们。不知道这次会怎样？

上次是有英国当和事佬，这次可不一定了！现在英、法已经联盟，英国人说了，要是德国敢动我们法国一根毫毛，英国就对它不客气！英、美、俄、意也都支持我们！哎，该不会是世界大战要爆发了吧？

法国某绅士

瑞典某学者

其实德国也就是口头上叫叫，你看，他们每次都只是小打小闹，并没有发生真正的战争。德国不仅保持了25年的经济增长，还持续了25年的和平，听说还有人提议，要把诺贝尔和平奖颁给德国的皇帝呢！

智慧森林

巴拿马运河：将太平洋和大西洋连起来

在北美洲和南美洲之间，隔了一块小小的土地，叫中美洲。中美洲有一块狭长的地方，叫巴拿马地峡，只有几十公里宽。

很早以前，人们要从大西洋到太平洋，必须绕到南美洲的最南端去，非常不方便。而巴拿马的左边是太平洋，右边是大西洋，那有没有什么办法，能从这里抄近路呢？

有人建议，将船只用巨大的起重机运过地峡；也有人说，干脆用大炮，把地峡轰开。最后，一家法国公司决定在巴拿马地峡开凿一条长长的运河。

但这并不是一件容易的事。巴拿马多是山地，派去的工人不适应那里的生活，生病死去了将近三分之一，中途公司还停了一次工。花的钱如流水一般，工程进展却慢得像蜗牛，没办法，法国只好把运河开凿权低价卖给了美国。

智慧森林

　　这时的巴拿马,是哥伦比亚共和国的领土。美国向哥伦比亚提出,要在巴拿马租用一块土地,永久使用,叫作"运河区"。

　　哥伦比亚说什么也不答应,美国就唆使巴拿马脱离哥伦比亚。巴拿马被哄得团团转,果真于1903年宣布独立,成立共和国。美国如愿拿到了"运河区",心花怒放。

　　但他们并没有马上动工。为什么白人在巴拿马死了那么多呢?他们派了一个名医去当地考察,结果发现,是一种小小的蚊子在作怪。那里的蚊子能传播一种叫黄热病的疾病,得了这种病的人几乎都会病死。这位医生很快想到了办法,把这些蚊子消灭了,改善了"运河区"的生活环境。

　　完成了这些工作后,美国人才开始开凿运河。他们先是在地峡的最高处开凿了一条较短的运河,因为那里附近原本有一条河和一个湖。美国人将河水与湖水引入运河,保证船只能在里面航行。然后,他们在运河的两端建造了3座巨大的水闸,利用水闸将船只升起或降下,就像一座桥一样。这样,船只既能顺利地在两大洋之间穿行,海水也不会进入运河。

　　由于法国前期做了很多工作,美国只花了10年的工夫,就成功地建成了巴拿马运河。

　　1914年,巴拿马运河正式竣工。通过这条运河,两大洋之间的航程,比绕道南美洲合恩角整整缩短了1万多公里的距离,来来往往方便多啦!

名人来了

特约嘉宾
威廉二世
（简称"威"）

越越
（简称"越"）

> 嘉宾简介：德意志帝国第三任皇帝（也是最后一任皇帝），爱旅行，爱演讲，爱举办各种各样的庆典活动。他无论走到哪里，都想成为受众人瞩目的焦点。他的理想是，成为第二个腓特烈大帝，让德国走向世界，让世界属于德国。

越：陛下，您好。您，您的左手……

威：（故作轻松）不要大惊小怪。我出生的时候，这手就萎缩了。为了治疗这只手，我小时候可是受了不少罪。

越：那您的母亲一定很心疼您吧？

威：心疼？噢，没这回事。我母亲是英国尊贵的公主，有我这么个残疾儿子，她觉得可没面子了。

越：哦——那德国和英国的交情还不错了？

威：还行。尤其是我母亲，总是说什么"英国至上"，要我向英国学习，我可烦了！

越：为什么？

威：现在我们德国已经是欧洲第一，为什么要向英国学习？英国人有的，我们德国人也可以有！我要让凡是有阳光照射的地方，都有我们德国的同胞，德国的商品，以及德国的知识……

越：您也想要"阳光下的地盘"？那是要跟英国要啰？

威：这太阳又不是英国的独家产品，我为什么不能要？

越：那您是想跟英国打一架吗？

威：打仗？噢，不，我没有这个想法。我只是想和英国结个盟。如果英德能强强联合，那就打遍天下无敌手了。

越：哈，如果可以，这事俾斯麦大人早办了，还用得着您来操心吗？

威：对哦，为什么他不办？还

名人来了

威：有我那老顽固英国舅舅，无论我怎么跟他示好，他就是不买账！这是为何？

越：您太不了解英国了！他们不是不和你们结盟，是不和任何一个国家结盟！因为他们希望每个国家实力差不多就可以，要是谁冒尖儿，它就打压谁！

威：那他们为什么和法国结盟了？法国可是他们的世仇！

越：那还不是被您逼的！

威：我哪里逼他们了？我可什么都没做！

越：您不是在发展海军吗？英国造一艘您也造一艘，搞竞赛似的！

威：我只是想加强点实力，不想让别人看不起我们！

越：可英国不这么想啊！你们的陆军已经是欧洲第一，现在再发展海军，目的是要干吗？不就是要和头号海上强国争霸吗？

威：那他们可真是误会我了！我可没想和英国打仗！

越：如果您没有这个想法，就别做这种让人误会的事！比方说，英国在非洲打了败仗，您为什么发电报祝贺布尔人呢？

威：我就是想恶心一下他们，没别的意思！

越：……陛下，您今年多大了？

威：快50了！马上就是我登基20周年庆典了，怎么了？

越：您都一把年纪了，怎么还跟个孩子似的。做事之前，能不能考虑一下后果？

威：你是什么东西，居然敢教训我？

越：不敢不敢，我就想问问，您想打仗吗？

威：不想，所有的国王都没有这个想法。但是如果战争来了，我们也不怕，军官们也已经准备好了。

越：您的军官们靠谱吗？

威：当然了，他们绝不会背叛我！好了，我要去准备我的庆典了！再见！

广告贴吧

向"泰坦尼克号"遇难者致哀

1912年4月10日，世界上最大、最豪华的客轮"泰坦尼克号"，在开往纽约的首次航行中，撞上了冰山，目前已有1500多人遇难。

本公司向各界人士保证，我们将全力组织打捞工作，给遇难者家属一个满意的答复。愿逝者早日安息！

白星航运公司

总统举办首次记者招待会

为了让大家更进一步了解总统以及国家的下一步规划，总统决定，在白宫举行第一次记者招待会。

届时将有100多位新闻记者受邀出席会议，并允许向总统提问。请各位记者做好准备，不要问一些无聊的问题。

白宫办公厅

现代舞演出预告

美国著名舞蹈家、现代舞创始人邓肯女士本周周六晚八点将在本院演出。她的舞蹈，抛弃了美丽的芭蕾舞纱裙和鞋子，像森林女神一样，自由舒展。想感受一场前所未有的现代舞吗？本次演出门票预订即将开始，票数有限，先到先得！

德国柏林克罗尔歌剧院

寻人启事

我是来自土耳其帝国的一个平民。这些年，帝国一直战火不断，扰得我们没法生活，只好往俄国迁移。可是在路上，我与妻子、孩子不幸失散了。

如有哪位好心人，看见一个穿着褐衫的中年女子，带着一个大眼睛的10岁孩子，那就有可能是我的妻儿，请你们及时通知我。我会一直在这里等着。

在俄国边境等待的贝莱斯基

第 3 期

【1914—1918 年】

第一次世界大战

穿越必读

  1914 年，人类有史以来第一次世界大战爆发。谁也没有想到，这一战，把所有欧洲列强卷了进去，也把上千万人送进了地狱。而这一切，却是由一桩看起来很小的"萨拉热窝事件"引起的……

顺风快讯

奥匈帝国皇储夫妇被暗杀
——来自波斯尼亚的加急快讯

来自波斯尼亚的加急快讯

（本报讯）1914年6月28日，一条爆炸性的新闻从巴尔干半岛传来——奥匈帝国的皇储斐迪南大公被人刺杀了！事情的经过是这样的：

当天天气晴朗，阳光明媚，大公准备和夫人一起去参加一次大规模军事演习。地点在波斯尼亚的首都——萨拉热窝。

演习结束后，两人坐着一辆敞篷车进入市区，不停地向街道两旁的人群招手示意。

突然，有个年轻人拿着炸弹从人群中冲出来，向大公的车子扔过去。只听"轰"的一声，炸弹爆炸了，大家吓得魂飞魄散，回头一看——被伤到的，是大公的随从，大公只受了点轻伤。

但大公以为只是碰见了一个神经病，没有当回事。稍作休息之后，又坐车前往医院看望随从。没想到，汽车开到一个拐角处时，又有人冲到大公跟前，"砰砰"开了两枪。这一次，大公夫妇当即倒在车上，鲜血直流，当天就因失血过多双双毙命（史称萨拉热窝事件）。

皇储被刺事件，震惊了整个世界！这两名刺客是什么人，为什么要刺杀斐迪南大公呢？本报将为大家持续报道这次事态的发展，请不要走开噢！

谁是"萨拉热窝事件"的罪魁祸首

据了解，行刺斐迪南大公的两个刺客都是塞尔维亚人，其中一个只有19岁。他们为什么要行刺大公呢？难道大公和他们之间有什么深仇大恨吗？

当然不是。其实这些年，除了非洲、亚洲之外，欧洲也不太平。尤其是巴尔干半岛，简直是个火药桶。

巴尔干半岛位于欧洲南部，是连接欧、亚、非三大洲的交通要道，之前一直受奥斯曼土耳其帝国的统治。帝国衰落后，半岛各国纷纷闹独立，其他国家也蠢蠢欲动，想要从中分一杯羹。

1908年，奥匈帝国出兵吞并了波、黑两地（即波斯尼亚和黑塞哥维那），还准备向波斯尼亚的邻国——塞尔维亚继续扩张。

塞尔维亚人和波斯尼亚人一样，都是斯拉夫人。他们组织了一个秘密党派，叫"黑手会"，专门对付奥匈帝国。入会的人都抱着必死的决心，一旦被敌人逮到，会立即自杀。

当他们知道，大公这次参加的军事演习，不仅以塞尔维亚为假想敌，演习的日期也别有用心地定在6月28日（这一天是塞尔维亚被土耳其征服的日子）时，气得不行，就派人混进波斯尼亚，制造了这起震惊世界的"萨拉热窝事件"。

据说事件发生之后，刺客不但没逃走，还真的要当场自杀。

可是，大公是奥匈帝国唯一的继承人。光是死个刺客，他们就会善罢甘休吗？人们隐隐嗅到了一丝危险的气息……

世界风云

世界大战爆发了

皇储被枪杀后，奥匈帝国气得要命，要求塞尔维亚交出萨拉热窝事件的同谋。

塞尔维亚无奈地说，这事儿跟政府没有关系，政府也不知道同谋在哪里。

奥匈帝国便以此为由，在1914年7月28日晚上，一下子炸死塞尔维亚5000多人。

这一炸，把俄国人炸毛了。作为斯拉夫人的老大哥，俄国怎么能允许自己的兄弟被欺负呢？所以，俄国就在全国做总动员，嚷嚷着要向奥匈帝国宣战。

俄国还没开战呢，德国就站出来表示：奥匈帝国和我是一根藤上的两个瓜，对付它就是对付我。可是俄国根本没把这话当回事，于是，德国率先向俄国宣战。

法国和英国说，我们和俄国是盟友，有福不一定同享，有难得一起扛呀，于是也向德、奥宣战。

英国一出马，大英帝国成员——印度、加拿大、澳大利亚、

新西兰、南非联邦也呼啦啦地追在它屁股后面,加入了战争。

短短几个月内,欧洲大大小小的国家几乎都卷入了这场战争。

参战的分为两派:一派是同盟国,以德国、奥匈帝国、土耳其等国为主;一派是协约国,以英国、法国、俄国、比利时为主。

还有一个比较特别,谁呢?意大利。意大利本来是德国的同盟,有帮助德国的义务。可当德国发电报要求他们出兵时,意大利却哭穷说自己没钱,买不起枪支弹药。

德国皇帝一接到这电报,气坏了,"啪"地一下扔在地上——你那打仗的水平,我还不稀罕,我们自己打!

结果,意大利在旁边看了两年的热闹,后来加入了协约国。

而亚洲的日本呢,很早抱了英国的大腿,一看欧洲各国都打了起来,就以帮助英国为名,进攻德国在中国山东的租借地——胶州湾。胶州湾是中国的领土,所以中国也卷入了这场战争。

唉,这么多国家卷入同一场战争,这还是头一回呢!

两大阵营开始相互厮杀,人类有史以来,第一次大规模的世界大战终于爆发了!

世界风云

"施里芬计划"泡汤了

这次大战打得最猛的是欧洲，而欧洲打得最猛的，不是奥匈帝国，也不是塞尔维亚，而是德国。

德国有两个邻居，东边是俄国，南面是法国。如果两边同时对德开战，德国就会腹背受敌。

所以，早在几年前，有个叫施里芬的总参谋长就制订了一个作战计划——先以闪电般的速度迅速击败法国，然后再集中兵力，回头对付俄国，争取在三四个月内赢得战争（史称施里芬计划）。

按照这个计划，一旦战争打响，就要先从比利时攻入法国。

比利时是个小国，位于德国与法国之间，名义上是个中立国家，实际上对待法国像对待家人一样，边境从不设防。而对德国就不同了，处处跟防贼似的，德国人早就看它不顺眼了。

所以战争一爆发，德军就像打了鸡血般，占领了比利时，然后一路高歌，向法国挺进。

英法联军被打得猝不及防，一个个拔腿就逃，一直逃到马恩河附近才停下。怎么不逃了呢？因为这里距离巴黎只有100多公里，再逃，巴黎就完蛋了。

于是，一场关乎国家命运的战争在这里打响了。双方铆足了劲，往死里磕。

打到最激烈的时候，法军兵力不足，需要从巴黎调兵。可是，

世界风云

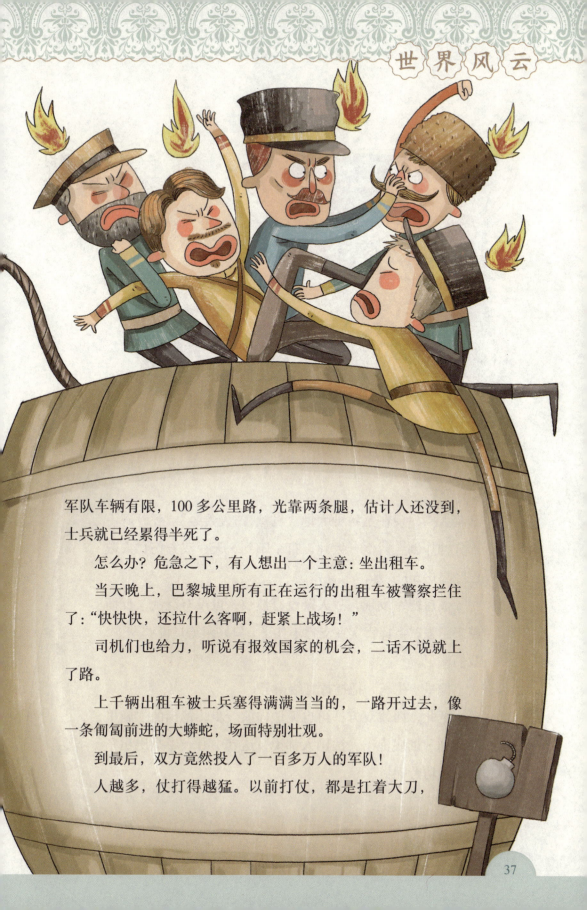

军队车辆有限，100多公里路，光靠两条腿，估计人还没到，士兵就已经累得半死了。

怎么办？危急之下，有人想出一个主意：坐出租车。

当天晚上，巴黎城里所有正在运行的出租车被警察拦住了："快快快，还拉什么客啊，赶紧上战场！"

司机们也给力，听说有报效国家的机会，二话不说就上了路。

上千辆出租车被士兵塞得满满当当的，一路开过去，像一条匍匐前进的大蟒蛇，场面特别壮观。

到最后，双方竟然投入了一百多万人的军队！

人越多，仗打得越猛。以前打仗，都是扛着大刀，

世界风云

哪里需要我们，我们就去哪里！

拿着大棒，现在是各种大炮、机枪，"轰轰轰""砰砰砰"，一分钟炸倒、射倒一大片。打了不到 5 天，双方伤亡人数已经高达 50 多万。

最后德军发现，敌人既没有溃败，也没有混乱，反而越来越强。指挥官实在支撑不住了，只好跟德皇说："陛下，我们输了。"

德皇一生气，把指挥官给换了。

至此，西线双方，再也无法向前一步，德国的"施里芬计划"彻底泡汤。法国人都说，这其中有一半是出租车司机的功劳呢！

战争是一台绞肉机

英国某小兵

唉,这几年死的人太多了!光1916年,就打了三场大战。凡尔登战役伤亡有近百万,索姆河战役伤亡有134万,东线的俄军伤亡也近百万,惨不忍睹!

说起凡尔登战役都是泪啊!整场战争从2月打到12月,机枪、炸弹组成了一个庞大的绞肉机,好好的人进去,出来的是一堆肉沫!要不是贝当元帅带了十几万兵赶来援救,我们也成肉沫沫了!

法国某
幸存小兵

英法联军
某英国小兵

别提了,为了支援凡尔登战役,我们在索姆河向德国发起反攻,投入的兵力最多,武器最多,死的人也是最多的!不过,我们英军造出了一种叫坦克的新式武器,那些德国佬没见过,可把他们吓坏了,哈哈!

我们俄国虽然装备差,60万大军大多是文盲,但我们在东线横扫德国和奥匈军队,打得他们落花流水,哈哈!

俄国某小兵

英国某水手

好消息,英国在日德兰海上打了个大胜仗,把德国的海军变成了"海龟",现在制海权仍然是我们的!只要大家坚持,一定会等到胜利的那一天!

奇幻漂流

美国应该参战吗

编辑老师：

　　你好！我们的老祖宗华盛顿曾经说，欧洲的仗，让欧洲人自己去打吧！所以，对于这次大战，我们谁也不想得罪，只想保持中立。他们打他们的仗，我们赚我们的钱，互不干涉。

　　可是最近，德国人做了件蠢事。他们为了封锁英国，凡是开往英国的船只，不管是哪个国家的，都用潜艇去轰。估计他们的脑子进水了，居然把我们美国人的船给轰了——这不是既断了我们的财路，又想要我们的命吗？

　　现在大家都气得不行，想给德国一点颜色看看。可是，美国与欧洲隔了这么大一个大西洋，我们有必要跑这么远去打仗吗？

美国总统　威尔逊

总统先生：

　　您好。在回答问题之前，我先告诉您一个消息——俄国最近发生了二月革命，沙皇被迫退位，新成立的政府万一退出战争，协约国就很有可能战败。

　　您可能会说，这跟美国有什么关系？

　　哎，关系大了，美国不就是因为给协约国又是卖军火又是借钱的，把同盟国惹恼了吗？如果协约国战败，你们借出去的几十个亿，不就打水漂了吗？最关键的是，这一战，无论谁输谁赢，所有欧洲国家基本都打残了，你们难道不想借此机会领导欧洲，称霸世界？

　　要想战后说了算，光看热闹是不行的，赶紧进场吧！

编辑　穿穿

（注：美国害怕协约国战败，于1917年4月对德宣战。美国的加入，大大加强了协约国的力量。）

可恶的世界大战终于结束了

1918年8月8日，协约国军队在空中、地面对德军发起规模空前的总攻。经过20多天的激烈较量，德军被打得狼狈不堪，元气大伤。

到了10月底，同盟国一个接一个垮台，保加利亚、土耳其以及奥匈帝国都先后投降。

与此同时，农民、工人被迫走上战场，田里的野草长得老高，工厂的机器都生了锈，物价也涨得老高。老百姓吃不饱，穿不暖，还要把前线的将士们喂饱。大家恨透了这种日子，纷纷走上街头，高喊"打倒战争！""把士兵接回家来！"……

士兵们听到这个消息，也开始盼望回家。法国有100多个连的士兵拒绝作战。德国的水兵甚至拿起武器，和工人联合起来，仿效俄国，成立了工兵代表苏维埃并推翻了德国政府。

最后，德国实在支撑不住，不得不请求停战。11月11日，双方在法国的一节火车上签订了停战协议。这场惊天动地的世界大战，就此宣告结束了。

这次大战历时4年多，30多个国家、15亿人口被卷入战争，800多万人死亡，2000多万人受伤，不是伤胳膊就是伤腿，几乎没有几个人完完整整地回家。各国的经济损失更是高达2700多亿美元。可以说，这是人类一场空前的大浩劫。

名人来了

特约嘉宾 乔治五世（简称"乔"）

越越（简称"越"）

> 嘉宾简介：英国温莎王朝的开创者。大战期间，他打破传统，不再坐在马车上巡游，而是走进医院，面对面地安抚民众。他的举动，为战争的胜利提供了精神支柱。

越：陛下，您好。您知道德国的威廉陛下去哪了吗？

乔：去荷兰了。

越：去荷兰干吗？旅游吗？

乔：现在他连王位都没有了，还有心情旅游吗？

越：那为啥去荷兰？

乔：荷兰女王是他表妹啊，能罩着他。

越：你不也是他表弟吗，怎么不收留他？

乔：开什么玩笑！现在英国人特别讨厌德国人，为了安抚他们，我还把我的德国姓氏"乔治"去掉了，改称"温莎"。再说了，我可不敢跟疯子打交道！

越：您这么说你表弟，他会不开心的。

乔：不开心我也要说。我不明白，德国人为什么让一只手的人来当国王！我怀疑他有精神病！

越：为什么这么说呢？

乔：不然，他怎么会去进攻比利时呢？比利时的国王是我舅，也是他舅啊！这外甥打舅舅，像话吗？

越：啊，你们还有这亲戚关系？

乔：你不知道吧？俄国的沙皇尼古拉二世也是我亲戚，是我的表妹夫，还有保加利亚皇帝、西班牙国王、葡萄牙国王跟我们都有血缘关系。

越：这么说，原来你们都是一家人？

乔：可不？尤其是威廉，当年祖母对他多好，临死的时候还拉着他的手不放。

越：那现在这样打来打去，多伤感情！应该早点停战啊！

43

名人来了

乔：他的军官们不喊停，他停得下来吗？小记者有所不知，他这个皇帝当得窝囊着呢。你知道他这次是怎么退位的吗？

越：听说是他手下的水兵闹事。

乔：这都是因为他手下那帮军官要面子，明明已经打不赢了，还命令水兵们与我们决一死战。水兵们不干，就带头闹事，和老百姓合伙，把他这个皇帝赶下台，成立了新政府。

越：那现在德国没有皇帝了？

乔：对。而且，除了德意志帝国，还有奥匈帝国、奥斯曼帝国、俄罗斯帝国，都没了，都不存在了。

越：他们也是活该，好端端的，让大家来蹚战争这浑水，死这么多人！

乔：唉，好在我们大不列颠还在。不过，祖母的60年积蓄，这一次也差不多全打光了。现在库存的炮弹只够打十天的。要是德国硬撑着不投降，还不知道结果会怎样！

越：不是有人说，还没打够，还可以继续打吗？

乔：那是吓唬德国的！事实上，这场战争不比以往，好多以前没见过的新式武器都搬出来了。这人就像被割的韭菜似的，一茬一茬地倒下去，别提多恐怖了。

越：这种情况，您还把孩子送去战场？太了不起了！

乔：这是我应该做的。这次欧洲死了很多男人，尤其是贵族，几乎死光了！

越：贵族抢着上战场，精神可嘉啊！

乔：唉，他们以为这次和以前一样，只要到战场走一走，就能收获鲜花和荣誉，没想到……

越：哦，这么说，以后国家就得靠那些平民老百姓了。

乔：是啊。虽然我们赢了这次战争，但我们也失去了很多。以后能不打就不打吧。和平万岁！

越：和平万岁！

广告贴吧

🐱 流感来袭了

因不明原因,我国已有数百万人感染了流行性感冒,就连我们尊敬的国王也不幸中招。

这次流感不但波及范围大,持续时间长,而且致死速度快。所以,近段时间,请大家一定要注意个人卫生,一旦出现头疼、胳膊酸痛、食欲不振等症状,请立刻前往医院就医。

西班牙政府

(注:"西班牙流感"暴发后,全球约5亿人感染,约5000万人死亡,而当时世界人口仅有约17亿。)

🕊 给鸽子治伤

有一只信鸽,在送情报的时候,不慎受了重伤。司令部有令,这是一只勇敢的鸽子,一定要不惜一切代价治好它!

美军司令部

🛡 战时快递

你需要坦克、飞机吗?你需要土豆、面包吗?你需要衣服、被套吗?……我们是来自美国的贸易公司,你想要的任何东西,我们通通都有,欢迎各位来电选购。我们将在第一时间为您送达。

美国及时雨贸易公司

✒ 招募女性助理

因男性伤亡严重,人员紧缺,现面向广大女性招聘海军助理。女助理除不能参战外,和男性助理一样,拥有正式的军阶。

本次招募,只招300人。欢迎大家踊跃报名。只要有一个女性愿意入伍,就可以空出一个男性来参加战斗!

美国海军部

智者为王第 ① 关

1. 第一次诺贝尔奖颁奖典礼是在哪个国家举行的?
2. 发明X射线的是哪个科学家?
3. 居里夫人是法国人吗?
4. 谁被称为"20世纪的哥白尼"?
5. 发明飞机的人是谁?
6. 谁是亚洲第一个获得诺贝尔文学奖的人?
7. 日俄战争是在哪个国家发生的?
8. "三国协约"是指哪三个国家?
9. 巴拿马运河沟通的是哪两个大洋?
10. "泰坦尼克号"是哪一年遇难的?
11. 第一次世界大战的导火线是什么事件?
12. 第一次世界大战是哪年爆发的?
13. 被称为欧洲"火药桶"的是哪个地方?
14. "一战"中,哪个国家最先使用坦克?
15. "一战"中,被称为"绞肉机"的是哪一场战役?

智者无敌 王者为大

第4期

【1917—1936年】

十月炮响

穿越必读

世界大战的爆发，让人们生活在水深火热之中。饱受战争摧残的俄国人民首先站了起来，推翻沙皇统治，建立了世界上第一个社会主义国家。从此，世界发生了惊天动地的变化……

顺风快讯

二月革命,和沙皇说拜拜
—— 来自俄国的加急快讯

来自俄国的加急快讯

(本报讯)上一期我们讲到,世界大战打了3年后,俄国突然宣布退出。这是怎么回事呢?

原来,俄国参加世界大战后,大多数男子被送往前线,工厂人手不够,只好征用妇女去工厂做工。

老百姓穷得连面包都吃不上,还要向前线输送粮食。很多人饿得不行,只好上街游行。

1917年3月8日(俄历2月23日)这一天——没错,这天正好是国际妇女节,彼得格勒的一群女工走上街头,发出一声声怒吼,"打倒战争!""我们要面包!""我们要土地!"……

沿途的工人、学生看了,也纷纷加入这支队伍,不到两天,队伍就超过了30万人。

正在前线的沙皇吓坏了,下令让军队向工人开枪。可这次,军队也不听他的了。士兵们掉转枪口,对沙皇说:"还是您让位吧!"

沙皇一看傻了眼,只好乖乖地交出皇位(史称二月革命)。就这样,统治俄国长达300多年的罗曼诺夫王朝灭亡了。

世界风云

十月炮响，工农翻身做主人

把沙皇赶下了王位，日子是不是会好过一些呢？NO。俄国还是像过去一样穷困，百姓还是一样吃不饱饭。

更可笑的是，国内出现了两个政权，一个是资产阶级临时政府，一个是工兵代表苏维埃。临时政府跟沙皇一样，也是不顾人们死活，继续参加世界大战，结果再次死伤6万多人。苏维埃非常不满，却又不知如何是好。

这时，一个叫列宁的人从国外回来了。人们听到这个消息，顿时乐开了花：太好了，俄国有救了！

列宁出生在一个贵族家庭，父亲是教育部的一名官员，母亲虽是个家庭妇女，但也读过很多书。

列宁从小就是一个模范生，每门功课都很优异，但

世界风云

他的想法却很"另类"。比如,别人相信东正教,他却把十字架丢进厕所里。别的贵族离穷人远远的,他却特别同情穷人,还暗暗发誓,要让这些穷人过上吃穿不愁的好日子。可是,具体该怎么做,他也没有办法。

有一年,他的哥哥因刺杀沙皇失败,被判处死刑。这件事对列宁触动很大,他不想走上哥哥那样的老路。

后来,列宁接触到了马克思的学说,如获至宝。

大家还记得马克思吧?他说:全世界的工人只有联合起来,一起打倒资本家,然后把所有的机器、钱财、土地全部交出来,由国家统一管理,平均分配,这个世界才不会再有穷人和富人。

虽然他去世了很多年,但他的思想传遍了世界各地,影响了很多人。这些人成立了共产党,想创造一个马克

世界风云

思所说的世界,却都没有成功。

很多人觉得马克思说的那个世界不可能实现,但列宁却相信了。他一边写"煽动"文章,一边组织革命,结果被沙皇抓住,流放到西伯利亚,最后还被赶出了俄国。但他没有绝望,也没有气馁,而是联合一批志同道合的人,创建了布尔什维克党,继续革命。

回到俄国后,列宁很快成为大家的领袖。在列宁的亲自指挥下,1917年11月7日(俄历10月25日),布尔什维克党和民众像潮水一般冲进冬宫,推翻了临时政府(史称十月革命)。

当天晚上,世界上第一个社会主义国家——苏维埃俄国(简称"苏俄")诞生了!工人、农民一夜之间翻身做了主人,而列宁,则成了苏俄的第一个主席。

冲呀!我们自己要当主人!

俄国退出世界大战

奇幻漂流

编辑老师：

您好！十月革命胜利后，主席发布了《和平法令》，说决定退出这场战争，和各国人民和平相处。德国也答应和我们签订停战协议。

一开始，大伙儿还挺高兴，打了这么多年，谁也不想再打下去了。而且，这次世界大战是沙皇要参加的，打成这个熊样，谁也不想给他背锅。

万万没想到，德国人贪得无厌，竟然要我们割让一大片土地，还要一大笔钱做赔偿！这不是欺负人吗？

可让大家吃惊的是，主席却说，不管什么条件，只要能让俄国退出战争，他都答应。他这么做，不怕别人说他是"卖国贼"吗？

——一位激动的苏维埃小兵

这位小兵：

您好。请别激动！我就问您一个问题，如果现在和德国继续开战，你们能撑得了几天呢？

我支持列宁同志的决定。苏俄是有史以来第一个社会主义国家。对于苏维埃来说，当前最紧要的，不是打赢这场世界大战，而是消灭国内的反动势力，让大家过上好日子。

虽然和德国议和，你们看起来亏了，但苏俄的人民却得到了珍贵的和平；你们的政府，有了更多成长的时间。还有什么能比这些更重要呢？

放心吧，世界大战迟早会结束的！到时候，你们在德国失去的一切，会重新拿回来的！

编辑 穿穿

（注：1918年，俄国第一个退出了世界大战。大战结束后，列宁以德国毁约为由，取消了当初的停战协议。）

世界风云

苏联：人人有饭吃，有衣穿

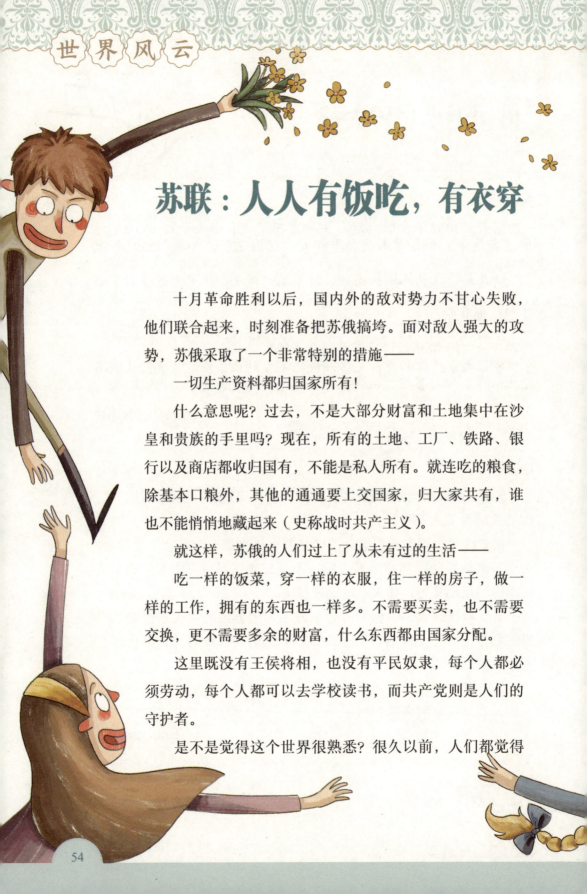

十月革命胜利以后，国内外的敌对势力不甘心失败，他们联合起来，时刻准备把苏俄搞垮。面对敌人强大的攻势，苏俄采取了一个非常特别的措施——

一切生产资料都归国家所有！

什么意思呢？过去，不是大部分财富和土地集中在沙皇和贵族的手里吗？现在，所有的土地、工厂、铁路、银行以及商店都收归国有，不能是私人所有。就连吃的粮食，除基本口粮外，其他的通通要上交国家，归大家共有，谁也不能悄悄地藏起来（史称战时共产主义）。

就这样，苏俄的人们过上了从未有过的生活——

吃一样的饭菜，穿一样的衣服，住一样的房子，做一样的工作，拥有的东西也一样多。不需要买卖，也不需要交换，更不需要多余的财富，什么东西都由国家分配。

这里既没有王侯将相，也没有平民奴隶，每个人都必须劳动，每个人都可以去学校读书，而共产党则是人们的守护者。

是不是觉得这个世界很熟悉？很久以前，人们都觉得

世界风云

这不可能，是天方夜谭，现在，列宁做到了，它就是马克思梦寐以求的——"共产世界"。

人们前所未有地团结在一起，产生了特别巨大的力量，最终战胜了国内外的反动势力。

1922年，列宁和同志们设计了一面红旗，左上角画着一把金色的锤子，代表工人；一把金色的镰刀，代表农民；还有一颗镶金边的星星，代表共产党。

之后，这个国家有了一个新名字，叫"苏维埃社会主义共和国联盟"，也就是"苏联"。这个新名字里，没有"俄罗斯"的字样。因为列宁希望全世界不同民族、不同出身，甚至跟自己水火不容的人，都能团结起来，一起打倒该死的剥削阶级。这样，一些不属于苏俄的国家，也都加入了苏联。大家都坚信，在共产党的领导下，一定会过上好日子。

可是，其他国家不这么想。因为苏联关闭了教堂，不准人们从事宗教活动，只准传播共产主义。这些国家担心自己的国家会走苏联的路子，不喜欢苏联，世界大战结束以后，处处跟苏联作对。如今，苏联就好比一座孤岛，孤零零的，它的共产主义道路还能走多远呢？

手拉手，我们都是好朋友！

自由广场

又要走资本主义老路吗

某农民：这些年的战争，给国家带来的损失太大了。之前为了支持前线，我们农民都是勒紧了裤腰带过日子，死了将近三千万人。现在战争结束了，战时的那一套是不是该改改了？不然，我们农民都过不下去了！

某教师：同志，新经济政策已经出来啦！以后，大家的粮食交了税，剩下的都自己支配。你想卖就卖，卖来的钱买什么都可以，政府都不管啦！

某纺织厂工人：对哦，国家还把一部分国有企业还给了私人！只要你有能力，有魄力，你一个人也可以办企业，办公司！听说，就连外国人也可以到我们国家来租企业办公呢！

孟什维克某党员：哇，这样也行？那不是和资本主义讲和，又要走资本主义老路吗？那还是共产党吗？

苏维埃某工人：胡说！我们现在这么落后，这么穷，不和友好的外国人合作，怎么发展起来？这样做，是为了引进国际资本和技术力量，促进国家建设！我支持主席！

（注：苏联实行新经济政策后，经济慢慢地得到恢复。）

世界风云

"铁人"斯大林和他的"五年计划"

列宁去世时，苏联还是一个十分落后的农业国家。

接替列宁的领导人叫斯大林，俄文的意思是"铁打的人"。他在沙皇统治时期加入了共产党，常常被通缉，曾经8次被抓入大牢，6次被流放，却凭着钢铁般的意志，一一挺了过来，是个名副其实的"铁人"。

他认为，一个没有工业的国家，迟早会被人打倒，决心要把苏联改造成一个工业化的国家。当然，不是发展任何一种工业都是工业化，工业化的中心是发展重工业，实实在在地搞制造。

可是，搞制造需要很多钱，怎么办？借钱吗？不可能！全世界只有这么一个社会主义国家，西方国家巴不得苏联马上垮掉，正等着看它笑话呢！

没办法，只能靠自己。资本主义国家可以靠掠夺，靠战争，靠索赔，靠剥削，靠借债完成积累；社会主义国家不行，只能靠自己，靠生产，靠节约，靠技术。

1928年，苏联发布了第一个"五年计划"，得到了广大人民的热烈响应。各种各样的学习班、劳动竞赛，如雨后春笋一般，纷纷涌现。

恰好这时，美国发生经济危机，资本家没钱可赚，主动跑来和苏联合作。有了外国人的先进技术，苏联人干得更欢了。

在斯大林的带领下，苏联以惊人的速度，提前完成两个"五年计划"目标，建立了数不清的工厂和城市。不到十年工夫，苏联已是世界最强的工业强国之一，西方国家再也不敢笑话它啦！

名人来了

特约嘉宾
尼古拉二世
（简称"尼"）

越越
（简称"越"）

> **嘉宾简介**：俄罗斯帝国最后一位皇帝。祖辈留给他丰厚的基业，他不知道珍惜，一路疯狂作死，最终断送了辉煌了几百年的罗曼诺夫王朝，自己也从集权一身的皇帝，变成任人宰割的鱼肉，目前被关押在某地下室。

越：陛下，这地下室阴森森的，您可住得惯？

尼：（冷得直哆嗦）现在还关心这个吗？估计不久他们要送我去见上帝了！

越：哼，现在才去见上帝，便宜您了！

尼：（两眼泪汪汪）你……连你也欺负我！呜呜呜——

越：现在才哭，太晚了！登基那天您就该哭了！

尼：（茫然）登基是件大喜事，我为什么要哭？

越：您忘了吗？当年老百姓因为庆祝您登基，发生踩踏事故，死了1000多人。

尼：噢，这事啊，我都已经忘了。

越：您不是忘了，是压根没当回事，继续开您的派对！

尼：这么点小事，难道还要我亲自处理吗？

越：这是小事？好！那1905年，工人们因为受不了工厂主的剥削，罢工游行，您的士兵却向他们开枪，造成1000多人死亡，2000多人受伤，这是不是小事？

尼：（委屈巴巴）这也跟我无关啊，我可没下令开枪！

越：这也跟您无关，那也跟您无关，请问，您还是这个国家的皇帝吗？

尼：我是不是皇帝，是上天说了算！我只要对上天负责，保住这皇位就好，其他一律不管。

越：居然有这么愚蠢的想法！谁教您的？

尼：我的爷爷，我的先祖都是这么过来的啊……

越：胡说！您的先祖彼得大帝，为了救落水士兵而死；您的爷爷被人行刺，还去查看卫兵的伤势！哪

名人来了

一个不曾为百姓着想？

尼：我亲任总司令，带着17万将士出兵中国东北，抢到很多土地，不也是为了百姓吗？

越：百姓想要的是吃好点，穿好点，不是让您去抢别人的土地！一个当皇帝的，居然亲自带兵当土匪，还要脸不？

尼：（气得发抖）你……你……来人——（没人理他）好吧，我承认我嘴硬，可是现在后悔有什么用呢？

越：您真的后悔了吗？

尼：后悔啊，我后悔没有听拉斯普京的话！

越：拉斯普京（意思是"脏狗"）？一条狗吗？

尼：……他是一位神父，也是我和皇后的朋友。当年我唯一的儿子生病，医生们都说治不好，他一出手，我儿子就活蹦乱跳了，特别神！

越：这么说，你们很相信他了？

尼：当然。每次遇到难题，比如前线什么时候发动进攻，我都会先问问他。皇后更是对他言听计从。

越：可我怎么听说，这人是个无赖，四处行骗呢？

尼：不可能！治好我儿子的，怎么会是个骗子？

越：不光是老百姓这么说，贵族官员们也对他有意见，想把他赶走。

尼：那是他们嫉妒！

越：那您知道吗？他趁您在前线的时候，利用皇后给的权力，把俄国搞得鸡飞狗跳！

尼：搞得鸡飞狗跳的是我的那帮臣子！他们趁我不在，把拉斯普京害死了！结果拉斯普京死了才两个多月，我就被拉下了马！我后悔啊，要是拉斯普京还在的话……

越：……算了，到现在还为他说话！怪不得您连个君主立宪都没捞到——您还是赶紧面壁思过去吧！再见了！

（注：1918年7月，尼古拉二世一家被处决身亡。）

广告贴吧

来吧，火箭爱好者们

　　同志们，我是苏联科学家费多连科夫。我的目标是借助火箭，征服太空。

　　如果您也和我一样，愿意为航天事业付出毕生生命，欢迎您通过《莫斯科晚报》和我联系，让我们同心协力，开启一个火箭与发动机的研制时代吧！

费多连科夫

　　（注：1957年10月4日，苏联成功发射了人类第一颗人造地球卫星。其设计师科罗廖夫就曾经加入过这个火箭爱好小组。）

《我的大学》即将出版

　　继《童年》《在人间》出版以后，应广大粉丝的要求，著名作家高尔基同志即将推出他的自传体三部曲中的最后一部——《我的大学》。

　　高尔基3岁丧父，10岁丧母，当过裁缝店学徒、轮船洗碗工、码头搬运工、面包房工人等，与搬运工、小偷、乞丐等打过交道。虽历尽艰辛，却始终坚持学习，最终成长为一个学识渊博的伟大作家。

　　想知道他的"大学"是什么样子的吗？《我的大学》近日将隆重出版，敬请期待！

苏联国家出版社

第5期

【1919—1923年】

不是和平是休战

穿越必读

"一战"结束后,之前的老帝国不是崩溃,就是灭亡。为了各自的利益,欧美列强先后在巴黎、华盛顿召开了两次国际会议,确立了一种新的国际体系,即"凡尔赛—华盛顿体系",美国成为这个体系中最大的受益者。

顺风快讯

巴黎和会在凡尔赛宫召开
—— 来自法国巴黎的最新快讯

来自法国巴黎的最新快讯

（本报讯）1919年1月18日，一场规模空前的国际会议在法国巴黎隆重召开（史称巴黎和会）。参加会议的有英、法、美、中等战胜国的代表。

为什么把日子定在1月18日呢？据大会主席法国总理克里孟梭说，是为了给法国人民出一口恶气——48年前，普法战争失败后，德意志帝国成立的时间就是1月18日！

参会的大人物，除克里孟梭外，还有美国总统威尔逊、英国首相劳合·乔治、意大利首相奥兰多。而意大利，由于在战争中脚踏两只船，没有发挥什么作用，其他三个人根本没把它当回事。

所以，大会真正能拍板的，是英、法、美三大巨头。至于其他国家，就更没有什么发言权了，只能在一旁跑跑龙套，喝喝茶。

最惨的是战败国，连会场都进不了。但会议主要是讨论如何处置他们，所以他们最紧张。

那么，这次会议会给这些国家带来什么样的命运呢？

世界风云

巴黎分赃，一场闹剧

"你们拿50%，我们得30%，怎么样？"

"不行，我们损失最大，应该得58%！"

"你们得56%，他们得28%，可以吗？"

"可以啊，但是……"

不用说，三大巨头又在会场吵得唾沫星子满天飞了。

从大会召开的第一天起，这些战胜国，便急着要德国等战败国割地、赔款。

法国与德国仇深似海，希望借这个机会把德国干趴下，自己好坐上"欧洲大陆第一"的宝座。

世界风云

英国人不同意,要是德国趴下了,那谁来制约法国和苏俄?还是继续像战前那样,大家差不多最好。

美国人也不耐烦,削弱德国干吗?那以后欧洲就是英法两家的了,还有我们美国啥事?我们还想建立一个国际联盟,称霸全球呢!

就这样,大家吵啊吵,谁也不服谁——

一会儿是英法一起对付美国,威尔逊要退出和会;一会儿是美英合伙抵制法国,克里孟梭气得摔门而出;一会儿是英法吵得不可开交,威尔逊从中做和事佬……

尤其是克里孟梭,别看他满头白发,追着乔治跑的时候,像老虎一般敏捷,一点都不像快80岁的老头。

一直吵到6月28日,大家吵累了,这才勉勉强强在《凡尔赛和约》上签了字。

德国代表拿过和约一看,傻了眼——德国不仅要割地、裁军,放弃所有海外殖民地,还要赔偿一大笔损失!

"这也太苛刻了!之前不是说和平解决吗?"

克里孟梭听了,冷冰冰地

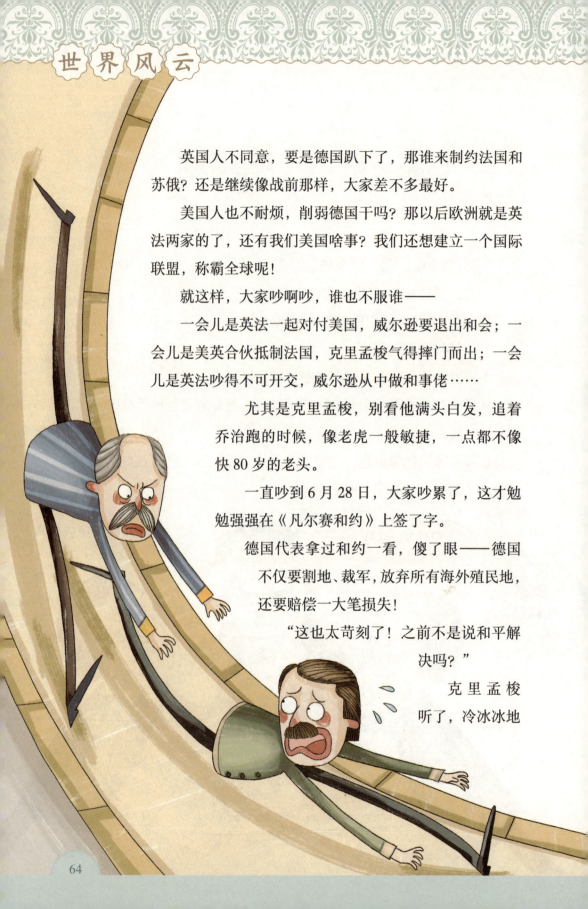

世界风云

来了句:"你要觉得太苛刻,就等着回去吃枪子儿吧!"

威尔逊也说:"我们没有解除你们的军队,还愿意帮助你们重建,这已经很照顾你们了!"

最后,还是英国人出来打圆场说:"那就先赔200亿,没钱的话,就用机器抵押好了。反正战后搞建设,大家都需要。"

德国人流着泪接受了这些条件,心里恨得要命——对我们这么狠,不就是我们没打赢吗?好,"君子报仇,十年不晚",下次我们一定赢回来!从此,德国人心中就埋下了复仇的种子。

据说条约一签,法国一个将军就叹气说:"唉,这不是和平,这只是20年的休战罢了。"

——咦,难道说,20年以后,大家又会打起来吗?

(注:1939年,第二次世界大战全面爆发,不多不少,正好是20年。)

自由广场

亡国只因站错队

奥匈某官员

唉,奥匈帝国现在被分成了奥地利、匈牙利、捷克斯洛伐克(1918年,捷克与斯洛伐克合并),塞尔维亚也和其他南斯拉夫地区联合,建立了南斯拉夫王国。好好的一个帝国,就这么完蛋了!

土耳其某官员

我们土耳其帝国也好不到哪去!战胜国把帝国瓜分得干干净净,只剩下伊斯坦布尔还有一丁点地方!还威胁说,要是我们保留征兵制,有空军、海军,他们就占领伊斯坦布尔啊!

英国某军人

还有沙俄,这次也完蛋了!哎,谁叫你们站错队了呢?你看波兰,都已经灭亡这么多年了,因为站对队,这次复国啦!

德国某军人

我们不服!除了塞尔维亚和比利时,大家都不是什么好鸟儿,凭什么对我们这么狠!不就是失败者没有发言权吗?我们虽然战败了,但我们没有消亡!走着瞧!

奇幻漂流

皇帝之死

编辑老师：

　　您好！不知您是否还记得，被日本人软禁的韩国皇帝李熙？

　　自从韩国被日本奴役后，我们韩国人民一直很怀念他。

　　巴黎和会召开后，很多国家获得了独立。我们也希望皇帝能够被放出来，领导大家光复韩国。

　　可你说巧不巧，1月22日，巴黎和会才开的第四天，日本官方却宣布皇帝因病突然去世了！还说要为他举行"国葬"。

　　可我却听到一个传言，说李熙是被日本人毒死的！这是真的吗？如果是！我们一定要为他报仇！

一位姓金的韩国读者

这位金姓读者：

　　您好！很不幸地告诉您，据宫女们透露，这个消息的真实性为98%。

　　日本因为害怕韩国复国，命令宫女悄悄地在李熙的茶杯里下毒药。李熙喝了茶，当场就七窍流血，毒发身亡。为了杀人灭口，日本人还把李熙的皇宫炸了，下毒的宫女也被炸死了。

　　日本人以为，这样就能瞒天过海，其实这个消息早就传了出去。

　　据我所知，韩国的资产阶级民族主义者和青年学生已经决定借"国葬"的机会，开展游行示威活动，要求韩国独立（史称三一运动）。

　　保卫祖国，人人有责。在此，我没有什么可说的，只能提醒你们，日本军人像禽兽一般野蛮，你们一定要注意安全啊！

编辑 穿穿

（注：韩国三一运动持续了三个多月的时间，最终被日军扑灭。）

世界风云

九国齐聚华盛顿，美日结仇

1921年11月，继巴黎和会后，英、法、美、意、日、比、荷、葡、中九个国家的代表齐聚美国华盛顿，再次召开国际会议（史称华盛顿会议）。这次又是商量什么大事呢？

原来，大战结束后，欧美列强往亚洲一看，糟了，在欧洲打得昏天黑地，把中国给忘了。现在，日本成了亚洲太平洋地区的新霸主。不行，得把太平洋夺回来！

要争霸太平洋，就得看谁的军舰厉害。于是，列强们你造一艘，他造两艘，在海上展开了一场如火如荼的造舰大赛。

可是，造舰实在太费钱了。别的不说，光一条战列舰，造下来就要好几千万美元，活脱脱一个吞金兽。

本来大战刚结束，大家都元气大伤，这么一赛，大家更顶不住了，所以就接受美国的邀请，参加了这次国际大会。

大会第一天，美国就先发制人，抛出一个方案——根据各国的海军实力，英、美、日、法、意的主力军舰吨位比例为5∶5∶3∶1.75∶1.75。

方案一出，日本郁闷了。为什么呢？因为按照这个标准，日本的军舰总吨位严重超标，先前造好的军舰都得拆了。

可是，他们又不敢得罪美国和英国，只好小心翼翼地请求："能不能再加点？"

美、英死活不同意。吵了一个月，美国威胁日本说："要是

世界风云

你们再顽固不化,你们每造1艘军舰,我们就造4艘!"

日本无奈,只好同意了。

1922年2月6日,美、英、法、意、日五国签订了《五国海军条约》。美国成为本次会议的大赢家,和英国享有相同的地位。

此外,会上还签订了好几个和约,其中最重要的一个是——《九国公约》。

《九国公约》主要是讨论中国问题。巴黎和会时,英、法、美把德国在山东的一切权益转给了日本。中国人特别气愤,是唯一一个拒绝在《凡尔赛和约》上签字的一方。

这时,美国站出来说了句"公道话"——既然中国也是战胜国,应该收回山东的主权以及一部分权利。各国在华利益均等,谁也不能有更高的特权。

什么意思呢?这表面上是反对日本独霸中国,禁止日本再偷偷摸摸地搞"二十一条"这种东西,实际上,是让中国再次回到被帝国列强共管的局面。

就这样,日本独霸太平洋的美梦,被美国人搅黄了,白白打了一仗,啥也没捞着,还把已经到嘴的肥肉——山东给吐了出来。

从此,日本对美国恨之入骨。

我们走着瞧!

嘻哈乐园

世界风云

"土耳其之父"凯末尔

"土耳其共和国万岁!"

1923年10月29日,继奥斯曼土耳其帝国倒塌之后,土耳其人民迎来了一个崭新的共和国。

提起共和国,就不得不提起它的第一任总统——凯末尔。

凯末尔出身于一个木商家庭,父亲很早就去世了。幸好他天资聪颖,14岁就考入军校。因为成绩优异,为人正直,一位老师给他起名叫"凯末尔"(意思是完善的)。

当时,正好是奥斯曼土耳其帝国统治最黑暗的年代。凯末尔和一些年轻人志同道合,办了一份手抄小报,一起骂苏丹,骂政府。结果被人告发,捉到前线部队当"炮灰"。

在军中,凯末尔很快成长为一名出色的军人。"一战"爆发后,他主动请兵作战,因为成功地保卫了伊斯坦布尔,被人们称为"伊斯坦布尔的救星",在全国出了名。

然而,几年苦战后,奥斯曼土耳其帝国还是战败投降了。战胜国几乎瓜分了帝国所有的领土。1919年5月,一支希腊军队在英国军队的掩护下,攻入了土耳其帝国!

土耳其和希腊是一对世仇,被西方大国欺负也就罢了,要是被希腊骑到头上来,帝国还有活路吗?

危急时刻,凯末尔毅然辞去官职,以平民身份,带领土耳其人民,举起了反抗的大旗。他说:"一个民族,与其作为奴隶活着,

世界风云

不如死了更好!"

在他的带领下,土耳其军队以秋风扫落叶之势,打败了希腊,以及所有的侵略者,甚至还把希腊的总司令俘虏了。

共和国成立以后,凯末尔得到全国人民的拥戴,当选为第一任总统兼军队总司令。

在他大刀阔斧的改革下,土耳其的男人穿上了西服,戴上了礼帽;女人们摘下了面纱,开始和男人平起平坐。为了消除文盲,生涩难懂的阿拉伯文字也被改成了通俗易懂的西文。

古老的土耳其呈现出一派欣欣向荣的气象,人们尊敬地称他为"土耳其之父"。

名人来了

特约嘉宾
威尔逊
（简称"威"）

越越
（简称"越"）

> 嘉宾简介：美国第28任总统。他是一个和平主义者，战前竭力阻止美国卷入"一战"，战后不辞辛劳地寻求和平，希望国与国之间放下武器，用和平解决争端。有人说他伪善，也有人说他是可以与林肯比肩的巨人。

越：总统先生，恭喜您获得1919年的诺贝尔和平奖。

威：谢谢，这是我应该做的。我的心愿是：世界和平，不要再有战争了。

越：您为什么想创立"国际联盟"这么一个组织呢？

威："联盟"这种事，自古就有。一旦联盟，双方就结成了友好合作的关系，效果很好，只是以前的范围很小。我的想法就是，把世界上所有的国家，"联盟"到一起，如果大家能像大家族一样相处，有什么争议，到桌子上解决，不就能杜绝战争了吗？

越：这想法我支持。可有一点我觉得蛮搞笑的，为什么出了事，必须国联全体成员国都通过呢？谁在国际上没几个朋友啊！这个规矩，不是形同虚设吗？

威：唉，当时国联能创建就不错了，具体要怎么执行，那也只能走一步看一步了。

越：也是，来日方长，以后再慢慢完善了。

威：可惜，我们美国没有"以后"了，我们没有加入国联，因为国会那帮人不同意！

越：啊，为什么？这对美国不是好事吗？既可促进世界和平，又能加强美国实力。以后在欧洲，你们也能说上话了。

威：那帮人目光短浅，看不到这一点。他们说，上帝把美洲和欧洲分开，就是不想让两边掺和在一起！关起门来过自己的小日子最好，别的国家怎么闹，管

名人来了

他呢！

越：会不会是因为您在这次大会没捞到一分钱，没抢到一块地，所以他们对您有意见？

威：那倒不至于。他们是觉得，我在会上没有解决任何矛盾，反而让矛盾更多了！

越：确实如此，比如我们中国的问题就没解决！

威：可我已经尽力了。我第一次去欧洲，在那里人生地不熟的，能让英法同意创建联盟，已经很不容易了。别的事，我也办不到。

越：你们不加入国联，国联就是英法的天下了。

威：是啊，如果我们加入国联，说不定还能和英法平起平坐！

越：啥？您不是想实现世界和平吗？搞了半天，也是为美国谋福利啊！

威：美国人当然为美国谋福利，这有什么错？不过，英法两国现在实力太强，就算美国加入了，也做不了老大。

越：但欧洲这些年杀气太重，有美国在中间调和调和，会好得多。至少你们对德国，没有像他们那样咄咄逼人。

威：我们也不喜欢德国，但之前的德意志帝国已经倒了，总得给德国人一个将功赎罪的机会吧。

越：唉，这次大战，一下灭了这么多帝国，真够悲剧的！

威：这没什么！旧的不去，新的不来！那些帝国已经老了，破了，该扔了！像我们美国，才建立100多年，一切都是重新的开始，多好！

越：老有老的好，新有新的好，和平才是最重要的。

威：对极了，我们美国人民最爱和平。无论怎样，我们也绝不会发动世界大战的。不过，谁要是欺负到我们头上，那后果……哼哼！

越：估计没人敢打美国的主意吧。

威：但愿如此吧。好了，我有点不舒服，今天就到这里吧。

广告贴吧

德国举行总统大选

我国将于1919年1月19日,举行首届国民议会大选。本次大选将选出我国第一届联邦大总统,凡年满40岁的德国人,包括妇女,都可以参选。任期7年。欢迎大家积极竞选!

德意志国

（注：德意志国俗称"魏玛共和国"。）

国王被猴子咬伤

希腊国王亚历山大在御花园散步时,为保护爱犬,与猴子发生搏斗,结果被两只猴子咬伤。因伤口感染,引发败血症,于1920年10月25日驾崩。请亲戚朋友及臣民前往雅典教堂吊唁。

希腊王国

出国申请书

据观察,非洲和南美洲等地即将出现日全食。本人将组织两支队伍去拍摄相关照片,一支去非洲,另一支去南美洲。

因本人是和平主义者,拒绝参军上前线。请政府允许出国测量,不要判我有罪。

英国天文学家　爱丁顿

第 6 期

【1920—1933 年】

繁荣与危机

穿越必读

"一战"后,美国经济在经历 10 年的繁荣之后,爆发了一场巨大的经济危机。关键时刻,罗斯福总统实行"新政",采用国家干预经济的办法,将美国从危机的泥沼中拉了出来。

顺风快讯

美国步入黄金时代
—— 来自美国的特别快讯

（本报讯）世界大战给人们带来了巨大的创伤，无论是战败国，还是战胜国，一个个都穷得叮当响。只有美国靠战争捞了一大笔油水，战后成了世界首富。其他国家要想恢复经济，只能找它帮忙。来自世界各地的订单像雪片似的飞向美国……

美国人一看，乐坏了——哇，这可是几十亿的大市场啊！于是撸起袖子，玩命地搞生产。一时间，各行各业的工厂、机器、工人忙得不可开交，美国经济迎来了一派前所未有的繁荣景象——

人们吃着丰盛的食物，穿着华美的衣服，住着高级的住房，开着闪耀的跑车，看着最新的电影，听着最流行的爵士乐，用着新发明的收音机，看着最精彩的棒球比赛，逛着高档的百货公司，还用上了冰箱、洗衣机、电话等，日子过得美滋滋的。

而这个时候，很多国家的人都还不知道冰箱、洗衣机长什么样呢！

来自美国的特别快讯

自由广场

虚假的繁荣

某建筑工人：新上任的总统胡佛说，咱们美国很快就会消除贫困，前途一片光明！可我怎么发现，身边失业的人越来越多了呢？

某房产中介：别看大家又买车又买房的，其实都是从银行借的钱。听说很多工厂的仓库堆了一大堆的货，为什么？因为大多数人穷得叮当响，买不起！

某豪车销售人员：可不是，我们老板使劲地造汽车，可富人的车买够了，穷人又买不起，全堆在仓库里了。唉，这车卖不出去，老板就没钱发工资，发不起工资，我们就得失业！——我可不能失业啊！因为买股票，我还欠了银行一屁股债呢！

某经济学家：那你可就危险了！现在的股票很不正常，每天成倍成倍地增长，太吓人了！依我看，现在的繁荣都是假的，美国快要大难临头了！

世界风云

"大萧条"来了

1929年10月24日,纽约的股票突然如雪崩一般一落千丈,许多人一夜之间变成穷光蛋。因为这一天是星期四,人们称它为"黑色星期四"。

从这天起,美国经济形势急转直下,大批银行倒闭,企业破产,工厂关门,一场前所未有的"大萧条"开始了——

穷人们失去住房,只能流落街头,或者住进用木板、铁皮或纸盒等搭成的小屋,冬天把报纸塞到西装里御寒。富人们只能在街头卖水果,因为没钱买汽油,车子只能用牛拉动。

千千万万的人没有收入,每天靠排队领面包过日子。有的实在饿坏了,不惜触犯法律,把山林烧了,然后报警,只为"立个功",混口饭吃。

与此同时,农产品卖不出去,一桶一桶的牛奶被倒进河里,一片一片的庄稼被拔光、烧光,一群一群的猪、牛、羊被淹死、杀死……

为什么不降价或者送给穷人呢?因为降价再多,还是卖不出去。而免费送给穷人,还要搭上包装费、运输费,更不划算,还不如毁掉。如此恶性循环,失业的人更多了。

据了解,这是美国有史以来最大的一场灾难。一种前所未有的恐惧和失望笼罩着全国,甚至全世界。更恐怖的是,它一天一天持续着,好像永远没有尽头一样……

(注:这场经济危机从1929年开始,一共持续了4年时间,影响了美国、欧洲,甚至全世界,破坏力巨大。)

经济危机是如何产生的

美国经济发展得好好的，为什么会突然发生危机呢？要了解这些，必须先从经济讲起——

谈到经济，人们首先想到的，是"钱"。

很久很久以前，世界上没有钱，也没有银行。大部分人都是在家耕田、织布、砌房子，过着自给自足的日子。有了"钱"之后，一些人跑出去做买卖，成了商人。生意不错，就再开一家新店，新店倒了，也影响不到老店，更谈不上什么"危机"。后来，商人觉得带着钱四处跑不方便，也不安全，于是就有了银行。

工业革命之后，人们发明了新机器。一部机器的产量，比几十人、几百个人的产量还要多。再加上有了火车、轮船，产品可以卖到世界各地，资本家们就需要生产更多的产品，需要更大的工厂，更多的机器。

可手上没有这么多现金，怎么办？向银行贷款。先借钱搞建设，赚了钱之后再还款。靠着这个办法，资本家们开了许多大公司、大工厂，赚得盆满钵满。

尤其是美国，因为政府崇尚自由放任经济政策，小公司一个个倒下，大公司越做越大，逐渐形成了垄断。垄断的结果，少数人富得流油，多数人穷得连面包都买不起，更别说其他消费了。

没有人买东西，资本家们就赚不到钱。银行收不回贷款，于是想出一个新玩法——分期付款。

绝密档案

什么意思呢？就是银行先借给你一笔钱，你不用急着一下子还清，可以按月慢慢还，还5年、10年、30年都没关系。

人们一看，乐了，还有这种好事，于是纷纷向银行借钱，房子分期付，车子分期付，就连买生日礼物也开始分期付。资本家们一看，也乐了，大家消费力挺强的嘛，便又开始疯狂地扩大生产。

各行各业搞得红红火火，股市也水涨船高，形势一片大好。人人都跑去炒股，梦想一夜暴富。

不过，也有些明智的人，发现不对劲——这银行的钱越借越多，万一借钱的人还不起怎么办？生产的东西越来越多，万一卖不出去怎么办？

他们越想越觉得有问题，于是把手上的股票先抛了。

读者们，你们玩过多米诺骨牌吗？把牌一个接一个往后立起来，然后把第一张轻轻一堆，后面的就一个接一个地倒下了。

这一抛，就像推倒第一张多米诺骨牌。全体股民都跟着抛售股票，股市一夜之间哗啦啦一落千丈。实力不强的银行，纷纷宣布破产。企业借不到钱，无法继续生产，只好关门大吉。就这样，整个美国的经济被搞垮了。

美国是世界经济的老大。老大一出事，其他小弟也跟着倒霉。于是，一场让人闻风丧胆的经济大危机席卷了整个世界……

危机何时才会结束

编辑老师：

　　您好！我是胡佛——唉，我可能是美国最不幸的总统吧，刚走马上任，就碰上了经济危机。

　　当初竞选总统的时候，我在大家面前夸下海口，要让美国家家有鸡吃，有车开。现在，别说吃鸡了，人们连面包都吃不上。人们恨我，骂我，管穷人搭的房子叫"胡佛屋"，穷人住的地方叫"胡佛村"。随便走到哪，都能听到有人骂我，叫我"饥饿总统"，我心里特别难受。

　　可是，面对市场经济这只无形的大手，我也无能为力。唯一能做的，就是鼓励大家，坚持坚持再坚持，危机只是暂时的，美国一定会很快恢复经济。可是，危机到底什么时候才能结束呢？

美国最不幸的总统　胡佛

总统大人：

　　您好！我很同情您的遭遇，但我更同情现在的美国人民，居然选出您这么一位"废柴总统"！

　　是的，危机总有一天会过去的，但什么时候过去呢？万一是5年、10年，甚至20年呢？

　　这才3年光景，人们已经开始到处游行示威，反政府、骂总统，为什么？因为他们对现任的政府、现在的制度快要失去信心了！也就是说，当前的美国，比起经济危机，更严重的是社会危机！

　　如果政府还像过去一样，信奉"自由放任"，什么也不管，那么，经济危机还没结束，美国就有可能来一场像俄国那样的革命！到那时，一切可就晚了！

编辑　穿穿

智慧森林

我要飞向太空

你想知道太空是什么样子的吗?

有个叫戈达德的美国小男孩,从小身体不好,但他聪明好学,喜欢看书,尤其是科幻书。

有一次,他爬到一棵樱桃树上,看着高高的天空,想起前几天看的一本科幻书,脑海中突然闪现一个新奇的念头:如果能够发明一种装置飞上月球,那该多好!

从那以后,戈达德有了一个小目标:我要飞向太空!他拖着带病的身体,每天坚持做实验,记录了各种飞行方法。

后来,戈达德当上了大学老师。除了教学,他把所有的时间和金钱,都用在了对火箭的研究和制造上。人们见他总是研究一些跟课程毫不相干的东西,很不理解,讥讽他,嘲笑他。在他们看来,要想飞上月球,简直是白日做梦!

但戈达德没有放弃,他说:"每一个发明在实现

之前，都是一个笑话。而一经实现，它就变成理所当然的事情了。"

功夫不负有心人，1926年3月16日，戈达德在马萨诸塞州的田野上，发射了自己制作的第一枚火箭。

这枚火箭由液体做燃料，有3米多长，可惜只飞了大约60米，就从空中轰然坠落。巨大的声响，惊动了方圆数里。警察找上门来，不许他在当地进行实验。

戈达德争辩说："为什么呢？这只是一个科技实验，我会保证安全的！"

警察冷笑着说："笑话，你以为你的火箭真的能飞上月球？"

戈达德无奈，只好离开马萨诸塞州。在一位慈善家的赞助下，他到新墨西哥州一处荒凉的地方，开始新的实验。

在这里，戈达德进行了数不清的发射实验，火箭的性能也大大提高，速度最高时竟达到超音速。

可惜，由于经济危机，制造火箭的燃料和材料又非常昂贵，慈善家中断了对他的资助。戈达德向美国军方打报告，希望能得到帮助，军方却不以为然，一口拒绝。一直到去世，他都没有看到火箭升上太空。

（注：第二次世界大战中，德国用戈达德的原理制成了Ｖ２火箭，在大战中大显身手。后人称戈达德为"现代火箭之父"）。

名人来了

特约嘉宾

富兰克林·罗斯福
（简称"罗"）

越越（简称"越"）

> 嘉宾简介：美国第32届总统，在位期间实施新政（史称罗斯福新政），让美国人民重拾信心，从经济大萧条中走了出来。虽然他的后半生因下肢瘫痪，只能在轮椅上度过，但他的精神影响了无数美国人。

越：总统大人，很高兴能采访到您。

罗：噢，我的朋友，请原谅我没法站起来，只能坐着和你聊天。

越：没关系。您的腿还能好起来吗？

罗：恐怕是不能了。不过这没什么关系，美国人需要的不是杂技演员，而是有脑子的总统，不是吗？哈哈！

越：您的心态可真好！这么说，您有办法渡过这次经济危机了？

罗：当然，否则，我也不会竞选总统。

越：如果您成功了，您将成为美国最伟大的总统；如果失败了，那您就是美国最糟糕的总统，甚至还有可能是美国的末代总统呢！您不害怕吗？

罗：害怕？如果害怕，就什么事也做不成了！我相信，只要实行"新政"，美国一定会好起来！

越：这"新政"主要是新在哪里呢？

罗：以前政府不是不管事吗？现在政府会采用"国家干预"的手段，有计划地恢复经济。

越：您是说，在资本主义国家实行计划经济？

罗：没错。为了好办事，我还让大家给了我一个很大的权力——立法权。

越：噢，这立法权不是属于最高法院的吗？他们能接受？

罗：噢，那几个老头气坏了，说我要当独裁者，说"新政"是搞苏联那一套，还有的甚至说我在搞法西斯主义。

名人来了

越：这么做，美国会不会变成苏联，或者意大利？

罗：NO，绝对不会。我现在做的，恰恰是为了保护我们现在的资本主义制度！

越：噢，那您能说说，具体是怎么做的吗？

罗：第一步是改革金融，通过《紧急银行法案》，整顿银行，让大家对银行恢复信心，把钱存回来。

越：那大家不敢存回来怎么办？

罗：我向大家保证过，银行一定会让大家的钱发挥作用！大家把钱放在经过整顿、重新开业的银行里，一定比放在褥子下面更安全。哈哈！

越：大家要是不听呢？

罗：一次不听，我就讲两次，两次不听，我就讲三次……讲到大家相信为止！事实证明，我的方法是很有效的。不到一个月，存回银行的通货就达到了10多亿美元。

越：厉害！那第二步呢？

罗：第二步是复兴工业，调整农业。为此，我们制定了差不多十几个法案。

越：这么多法案，您管得过来吗？

罗：我一个人当然不行，但我有个智囊团，里面有律师，有专家，有学者，个个都很优秀。

越：那这些法案都通过了吗？

罗：有一些被最高法院否决了。不过，没关系，他们闹他们的，我们办我们的。等他们闹完了，我们的事也办完了，哈哈！

越：哈，您可真"狡猾"啊！

罗：没办法，为了保护公民的工作和生活的权利，只能和他们斗智斗勇！

越：听说您还搞了很多政府工程？

罗：对。这是第三步，主要是为了救济失业的人，整点事出来，让大家有活干，有饭吃。事实证明，政府对经济的干预是有效、有益的。

越：厉害！看来美国又要多一位伟大的总统了！

罗：谢谢大家对我的支持，"新政"还有许多不足的地方，我会继续努力！

（注：通过一系列"新政"措施，到1936年，罗斯福成功地带领美国走出了经济危机。）

广告贴吧

植树造林，防沙尘暴

近年来，我国中南部沙尘暴现象日益严重，有时一连会持续好几天。为了生存，成千上万的农民离开了家乡。

为帮助农民走出困境，现决定成立土壤和林业服务项目组，在农田种植树木，作为防护林。望大家积极参与。

美国沙尘暴控制中心

招工启事

为加强工程建设，保护民间资源，民间资源保护队需要招募大量工人，从事植树造林、防治水患、保持水土、建筑道路、保护森林等工作。要求年龄在18岁到25岁之间，身体健康，失业时间较长。

本次招募人数为25万，工作地点为各州营地，工资由国家统一发放。

美国联邦政府

关于保险的若干规定

一个政府如果不能对老人和病人给予照顾，不能给中青年人提供工作，不能让人们安心，那就不是一个能够存在下去的政府。

今制定《社会保险法》，规定：凡年满65岁退休的劳动工作者，根据不同的工资水平，每月可得10～85美元养老金。失业保险金的来源，一半由在职员工和雇主支付，另一半由联邦政府支付。

美国联邦政府

智者为王第❷关

1. 推翻沙皇尼古拉二世的是哪次革命?
2. 伟大的十月革命的领导人是谁?
3. 无产阶级第一次成为国家的主人是在哪次革命后?
4. 高尔基的自传体三部曲是哪三部?
5. 苏联是通过什么政策,使经济慢慢复苏的?
6. "一战"结束后,协约国在哪次会议上讨论处理战败国的问题?
7. 1919年的诺贝尔和平奖得主是谁?
8. "一战"后,哪个国家是被瓜分多年后重新获得了独立?
9. 巴黎和会中,哪个参会国代表最后没有签字?
10. "土耳其之父"是谁?
11. 美国经济危机爆发于哪一年?
12. 美国经济危机爆发时,担任总统的是谁?
13. 引起经济危机爆发的主要原因是什么?
14. 被誉为"现代火箭之父"的是谁?
15. 罗斯福主要是采用什么手段缓和经济危机的?

智者无敌 王者为大

第7期

【1922—1933 年】

法西斯上台

穿越必读

  在经济危机的恐慌中，意大利、德国、日本开始出现法西斯势力。他们反对自由民主，宣扬独裁专制，为了获取新的市场，企图重新瓜分世界。法西斯势力的上台，是第二次世界大战爆发的主要原因之一。

顺风快讯

向罗马进军
——来自意大利的快讯

（本报讯）我们知道，意大利在"一战"时，表现很不好，先是跟着同盟国混，后来又跟着协约国混，像根墙头草似的。因此，和它一起作战的国家，没几个瞧得起它，战后分赃时，也只分给它一点点土地。意大利的老百姓都觉得很丢人。偏偏这时候，经济危机爆发，很多人失业，意大利更加乱了套。

1922年，一支身着黑衫的军队，自称是法西斯党人，浩浩荡荡地向罗马开进。

他们举着旗子，一路高喊："我们要恢复罗马帝国，大家快来参加法西斯啊！"

"只有法西斯才能救意大利！"

要是以前，别人都会说这是一群疯子；可现在，很多意大利人都快活不下去了，他们认为，只要跟着法西斯党走，就有饭吃，有活干，都就兴高采烈地参加到法西斯运动中了。

来自意大利的快讯

世界风云

法西斯和它的创始人

法西斯党徒进入罗马后，国王吓坏了。他可不想再次发动战争，于是解散政府，让法西斯党的创建人——墨索里尼来当首相。

但墨索里尼的野心很大，他想像他的偶像——恺撒大帝那样，号令整个意大利。没几年，他就解散了意大利所有的政党，集内政、外交、军队大权于一身，成了一名至高无上的独裁者。

古罗马的独裁者，不仅立有赫赫战功，心里也常常想着老百姓。如果做得不顺心，有的还会放弃这个位子，回乡做一个农夫。

但墨索里尼不一样，他才舍不得这个位子呢。他口口声声说，要让意大利变得像古罗马一样强大。实际上，他只是想让自己变得强大，让所有人，包括国王，都要听他的话。

还记得斯巴达吗？墨索里尼希望每个意大利人，都能训练得像斯巴达人那样强壮。所有意大利人，包括普通老百姓，都必须像军人一样，服从他的命令，接受最严格的训练。至于大家愿不愿意，开不开心，他一点都不关心。

人们想说什么，也不敢说出来。因为身边到处都是墨索里尼的耳目，如果谁在背后说了一句他的坏话，或者做了一件让他不高兴的事，就会立刻被抓起来，再也没人能找得到。

现在，只要一听到法西斯这个字眼，大家都怕得要死。在法西斯党的带领下，意大利会走向何方呢？

自 由 广 场

实在赔不起，怎么办

德国某商人

要说一战后最惨的国家，非我们德国莫属，光赔款就高达1000多亿金马克！现在国内经济一片混乱，哪赔得起啊！

大家放心，英国和美国也看到了我们的难处，同意延期支付赔款的要求。只有法国佬不同意，还以我们不赔钱为由，联合比利时，占领了鲁尔，实在是可恶！

德国某官员

德国某冶金工人

这怎么行？鲁尔可是我们的经济命根子！要是搞得我们没饭吃，没事干，那就只能闹革命了！英美不是最担心共产党，最担心苏联吗？实在无路可走，哼，我们也整出一个像苏联那样的国家，给他们瞧瞧！

你们别闹！在我们英国政府和美国政府的努力下，法、比已经答应撤兵了！请大家少安毋躁！日子会好起来的！

英国某官员

（注：在美、英的支持下，德国迅速恢复经济，并于1926年加入了国际联盟。）

世界风云

希特勒的奋斗之路

意大利出现法西斯的同时，德国也冒出一个野心家，名叫阿道夫·希特勒。

希特勒出生在奥地利，从小喜欢画画，想当一个画家。父母双亡后，希特勒靠卖画为生，四处流浪，后来加入德国军队，参加了第一次世界大战。

大战结束后，希特勒奉命去调查德国工人党。这个党派不大，只有几十个人。希特勒混在里面，暗中观察了几天，有时还装模作样地一起讨论。工人党的人对这个新人十分欣赏，几天后，邀请他加入工人党。

希特勒又好气又好笑，但随即转念一想，这不正好方便自己调查吗？于是顺水推舟，上了工人党这艘小船。

后来，希特勒发现，工人党的想法和他一样，都是想振兴日耳曼民族，都是反对犹太人。从那以后，他就把上级交给的任务丢在一边，全心全意地为"党"服务了。

希特勒个子不高，却很擅长演讲。他的演讲通俗易懂，凡是听过他演讲的人，都很容易被他煽动，主动为他做事。很快，他的身边就吸引了一大批粉丝，工人党的队伍越来越大。

不久，希特勒将工人党改名为"纳粹党"（即民族社会主义德意志工人党），成功当选为纳粹党的第一把手。

纳粹党壮大后，希特勒的野心也越来越大。他像墨索里尼一样，策划了一场暴动，企图夺取德国政权，向柏林进军。但这回，

世界风云

> 让我上台吧！

他可没墨索里尼的好运气，不但失败了，还被抓进了监狱。

监狱里的日子十分漫长，希特勒无事可做，就利用这段时间，"写"了一本书，叫《我的奋斗》。他的德文写作水平不好，就由他自己口头讲述，再由别人帮忙记录下来。这本书出版后，希特勒名声大振。一年多以后，希特勒被提前释放。

1929年，世界经济危机爆发，本来经济萧条的德国，更是雪上加霜。成百上千的人丢了饭碗，没事可做。希特勒趁机四处演讲，对德国人许诺说："如果我上台，我一定会让每个德国人的餐桌上都有面包，让德国变得强大起来！"

这样的演讲，他一天甚至可以连续搞49场。很多德国人听了，信以为真，把他当救世主看待。纳粹党也从一个微不足道的小党，迅速跻身为全国第一大党。

1933年1月，希特勒被任命为德国总理。昔日的流浪汉，发誓要建立一个强大的新帝国，他的梦想会实现吗？

世界风云

谁是国会大厦的纵火犯

1933年2月27日晚上,德国发生了一件大事——国会大厦突然起火了!熊熊的大火映红了半边天。

几分钟后,上任不到一个月的希特勒赶到事发现场。国会议长戈林跑来在他耳边嘀咕了几句。

随后,戈林擦了擦脸上的汗水,向围观的人说:"这肯定是共产党干的!我们在现场已经抓住了凶手。那人就是共产党人,有人亲眼看到是他放的火!"

第二天,纳粹党以"参与纵火"的罪名,逮捕了1.8万名共产党人,并逮捕了共产国际驻德国的保加利亚人季米特洛夫。

事实上,当时季米特洛夫根本不在柏林。那个叫卢贝的荷兰人,既不是共产党人,也没有放火,一切都是希特勒搞的鬼。

原来,希特勒上台后,想在德国建立独裁统治。可除了纳粹党,德国还有共产党,共产党不答应,他的"理想"就没法实现。为了搬走这块绊脚石,希特勒便和他的手下想出了这招,

这是个阴谋!

世界风云

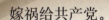

停！这里是法庭！你是被告，不是法官！

嫁祸给共产党。

季米特洛夫看出了他们的诡计，决定为共产党洗刷这个罪名。

当德国法西斯装模作样地要审判他时，他站在被告席上，义正辞严地说："不错，我是一个共产党人，但我不是一个恐怖分子，更不是一个阴谋家。我认为，国会纵火案是个阴谋，是一个企图铲除共产党的阴谋！"

法官一听，不对啊，怎么好像他变成了法官，立即打断他的话说："停！你以为这是什么地方？！这里是法庭，你是被告！我问你，你是怎么和卢贝密谋的？"

季米特洛夫说："那好，那我请问卢贝先生，您是在什么时候、什么地方见到的我？"

卢贝回答："我不认识你，也从来没有见过你。"

"法官先生，卢贝先生既没有见过我，也不认识我，我们怎么一起同谋呢？！"

旁听席上的人们一听，哄堂大笑。法官们也是你

世界风云

看看我，我看看你，一句话也说不出来。

季米特洛夫继续说道："问题已经很清楚了。卢贝不过是个替罪羊，真正的元凶已经逃之夭夭了。"法庭上顿时一片哗然。

庭长见场面失控，只好让戈林亲自出庭作证。戈林指手画脚地说了老半天，季米特洛夫就反问他："那个纵火犯是怎么潜入国会的呢？是不是通过国会的通道进去的呢？"

戈林气得高声尖叫："不管你怎么狡辩，就是你们共产党放的火！共产党应该被通通消灭！"

戈林的失态，让在场的人再次哄堂大笑。最后，法庭不得不宣布季米特洛夫等共产党人无罪并释放。可惜的是，卢贝依然被判处死刑，德国共产党也被解散了。

不久，希特勒宣布纳粹党是德国唯一的政党。1934年，辛登宝总统去世后，希特勒将总统与总理合二为一，称为"元首"，意思是"首席元老""领袖"。

从此，一个属于希特勒的独裁时代便开始了！

不管怎样。德国共产党就应该通通被消灭！

奇幻漂流

我再也不回德国了

编辑老师：

您好。我是一名犹太人，也是一名德国人。对我而言，德国就是我的祖国。但这几年德国发生了很多事，令我失望透顶。

在希特勒的指使下，德国烧毁了大量图书，对知识分子和科学家进行残酷的打击和迫害，尤其是对犹太人，做了很多不人道的事。

如今，他趁我不在德国的时候，查抄了我的房子，没收了我的银行账号。而我的朋友们，那些伟大的科学家们，几乎没有一个人敢站出来为我说话！

我曾经十分热爱德国，但现在，请你告诉大家，我——爱因斯坦，从今天起，脱离德国国籍，加入美国，再也不回去了！

爱因斯坦

尊敬的爱因斯坦先生：

您好！收到您的信，我惊得说不出话来！谁能相信，作为有史以来最伟大的科学家之一，居然会被法西斯如此对待？！

说实话，我曾经很喜欢德国。因为德国有贝多芬，有歌德，有您。但现在，我很不喜欢德国，因为德国有威廉二世，有希特勒。

听说您要脱离德国国籍，希特勒可气坏了。想想看，堂堂第三帝国，怎么能被一个犹太佬给抛弃呢？所以，他不但下令让德国文化部开除您，还把所有的犹太人赶出家门，任意凌辱，甚至不许大家去犹太人的店铺购买东西。到目前为止，几乎所有的大学、研究院以及医院，都被纳粹清除了！成百上千的犹太人没有经过审判，就被投入了集中营！

在此，我强烈呼吁，所有犹太人，如果能够选择，赶紧离开德国，去一个更加自由、宽容的国家吧！

编辑 穿穿

世界风云

九一八事变，日、德先后"退群"

1931年9月18日的晚上，中国东北的奉天城（今沈阳），突然发出一声巨响，城里的一大段铁路被炸掉，现场发现了3名"中国军人"的尸体！

人们还没搞清楚是怎么回事，日本人撂下一句："这肯定是中国人干的！"然后以迅雷不及掩耳之势，发动突然袭击，占领了东北的大部分土地（史称九一八事变），还把清朝已经退位的皇帝溥仪拉出来，炮制出一个"伪满洲国"。

中国政府急得团团转，却不知该怎么办。关键时刻，维护世界和平的国际联盟出马了。

经过一番周密调查，国际联盟发现：铁路是日本人炸的，所谓中国军人的尸体是日本人找来冒充的，所有的这一切，全都是日本法西斯自导、自演的！为的是制造一个借口，侵占中国东北！

这是怎么回事呢？

原来，这些年，受德、意法西斯主义的影响，日本的军部（军队最高指挥机构）也冒出很多法西斯小团体。

世界经济危机爆发的时候，日本也受到巨大的冲击，经济极度困难。许多农村人找不到吃的，只能靠挖草根、剥树皮充饥，成千上万的人被活活饿死。

一些军人认为，日本变成这样，是政府无能造成

世界风云

的,和中国打一仗,就什么都解决了。于是,他们精心策划了这场"九一八事变"。

真相查明了,国际联盟宣告日本为侵略国,要求日本把"伪满洲国"还给中国。

日本人不甘心,"委屈巴巴"地说:"我们建立'满洲国',是想帮你们盯着苏联,防着共产党!你们居然这都不能理解,太让我们失望了!"说完,一声"莎哟那拉"(日语"再见"的意思),趾高气扬地退出了国际联盟。

日本这么一闹,希特勒打心眼里高兴。为什么呢?因为自从他上台以后,总想建立一支强有力的军队,让德国重新强大起来。可英、法等国死活不同意,还一而再再而三地要求他裁军。

"凭什么只要求德国裁军,这不公平!"希特勒也很"委屈",认为国联把德国当作二等公民看待,于是紧跟日本屁股后面,也宣布退出了国联。

国联是什么鬼?我们不稀罕!

嘻哈乐园

名人来了

特约嘉宾
墨索里尼
（简称"墨"）

越越
（简称"越"）

嘉宾简介：意大利总理，法西斯主义的创始人。和希特勒一样，反对民主，推崇独裁、暴力，认为只有战争才能解决问题，最终把意大利拉上了战争这条船。

越：您好！您是怎么想到要创建"法西斯党"的呢？我记得"法西斯"好像是古罗马帝国的一种武器。

墨：记性不错啊！那你记得"法西斯"是什么样子吗？

越：记得记得。它的设计很特别，由很多木棍绑在一起，中间插了一把斧头。那木棍代表人民，斧头代表执政官，象征人民紧紧团结在执政官的周围，代表古罗马的最高权力。要是有人犯了事，执政官就会命人用"法西斯"狠狠抽打他，或者一斧头砍掉他的脑袋，挺暴力的！

墨：暴力吗？我觉得挺不错啊，"团结就是力量"！所以，我创建了"战斗法西斯"，也就是现在的"法西斯党"——只可惜没来得及壮大，"一战"爆发，我就去当兵了。

越：听说您在战争中受了伤？

墨：嗯，被地雷炸到了，医生从我身上取出了44块弹片！不过因祸得福，从那以后，人们都把我当战争英雄看待呢！

越：被人们崇拜、尊敬的感觉，很不错吧？

墨：确实不错！不瞒你说，我从小就不爱读书，成天打架，还被学校开除了，大家都看不起我！

越：噢，昔日的小混混，变成了战斗英雄，人生如戏啊！

墨：战后我带着一批退伍军人，建立了一支"黑衫军"。靠着这帮兄弟，我平息了一次动乱事件，就

103

名人来了

更出名啦!

越:黑衫军?是模仿加里波第的"红衫军"吗?

墨:哪有,这是我自己的创意!就连希特勒也抄袭我,他的党卫军穿的也是黑色制服呢!

越:您对希特勒怎么看?

墨:那小子?不咋地。不过人家对我一口一个"老师",我也不方便在背后说人家坏话。

越:大家都说您很坏,希特勒更坏!

墨:我坏?我怎么坏了?要不是我,意大利现在还一团糟!

越:怎么个糟法?

墨:人们没饭吃、没活干就不说了,就说说我们政府吧!以前我们的政府人员办事,都有两顶帽子,一顶天天在头上戴着,另一顶挂在办公室,从不拿下来……

越:为何?

墨:要是有人来找他们办事,他们不在,其他人就会说:"噢,那人暂时走开了,你看他帽子都在那里呢!"实际上,那人有可能还窝在家里没起床呢!

越:最讨厌这种公务员了!——这么说,是您改变了意大利的这种不良风气?

墨:那是自然,没有我,就没有今天的意大利!我的梦想是把意大利建成一个"新罗马帝国",扩张扩张再扩张!

越:怎么扩张呢?

墨:抢啊!不抢难道会从天上掉下来不成?

越:这不是强盗吗?不好!

墨:有什么不好的?世界上哪个强国,不是靠抢发达的?

越:不一定要打打杀杀,也可以做生意嘛……

墨:(不耐烦)现在经济危机这么严重,做什么生意?我不打别人,别人也会打我!第二次世界大战迟早会打起来!

越:可是……

墨:(有点发火)没有什么"可是"!不说了,我还有好多事要处理,今天就到这吧!

广告贴吧

马奇诺防线开始施工

为保护法兰西边境的安全，现根据陆军部长马奇诺元帅的建议，修建一条防线。有了这条防线，我们至少有三周的充足时间来准备战争。

本工程将包括5000多个工事，可驻扎十几个师的机动部队。因工程量巨大，耗资也极为巨大，请大家勒紧裤腰带支持我们！一切都是值得的！

马奇诺防线工程部

世界上第一个国际电影节即将召开

为提高电影艺术，促进各国电影工作者的交往和合作，我国将举办世界上第一个国际电影节——威尼斯国际电影节。

本次盛会由我国首相墨索里尼提出创办，共设五个奖项。为表公平、公正、公开，没有专家评委，所有奖项都由观众投票选出。获奖者均有机会得到本次电影节的最高荣誉——墨索里尼杯。望大家积极参与。

时间：1932年8月6日

地点：威尼斯

第一届威尼斯国际电影节组委会

教授也可以被解雇

数百年来，我们德国一直很尊重文化人，凡是教授级别的，各高校都不得随意解雇。元首认为，这个传统不利于德国的创新，应当予以废除。即日起，无论职称多高，资历多老，凡反对我党统治、反对元首指示者，一律开除！

德国纳粹党

第 8 期
【1931—1939 年】

法西斯的阴谋

穿越必读

为了重新瓜分世界，德、意、日法西斯势力开始试探着向邻国扩张。而英、法、美等西方强国采取绥靖政策，一味纵容，最终养虎为患，给世界人民带来了一场巨大的灾难……

顺风快讯

《凡尔赛和约》成废纸
——来自德国的秘密快讯

（本报讯）第一次世界大战以后，受《凡尔赛和约》（以下简称《和约》）的制约，德国是这也不能有，那也不能有。

但德国人头脑聪明啊，你禁止他搞三脚架的重机枪，他就安个两脚架，发明个通用机枪。你限制他的陆军人数，他就只保留骨干，其他人去当警察，当间谍，只要战报一拉响，立马能滚雪球似的，拉起一支数十万人的大部队。你不让他有空军，他就成立航空俱乐部，把人才送到苏联去学习，制服上只要贴上空军的徽章，就是空军了……

一开始，因为怕被联盟制裁，他们做什么事都是偷偷摸摸的。慢慢地，他们的胆子就越来越大了。

《和约》不是禁止德军去莱茵河以东吗？1935年春天，希特勒派出3万大军，去那边搞军事建筑，临了，嘱咐他们说："要是英法那边反应很强烈，就赶紧撤回来。"

把《和约》当废纸，英法当然很生气。可他们只是扯着个嗓子把德军骂了几句，却又没后续了。

希特勒见英法这种态度，于是，他的野心再一次膨胀了起来。

来自德国的秘密快讯

世界风云

意大利入侵埃塞俄比亚

　　1935年10月3日清晨,意大利派出30万大军,兵分三路,向埃塞俄比亚发起进攻。

　　进攻前,墨索里尼亲临战场,进行了一次"鼓舞人心"的总动员。他说:"将士们,多年来,我们意大利一直被埃塞俄比亚欺负,现在,我们要惩罚一下这些非洲蛮子,给他们一点颜色瞧瞧!"

　　咦,意大利作为欧洲一大强国,怎么会被埃塞比亚欺负呢?这当然只是墨索里尼的鬼话。

　　埃塞俄比亚是非洲一个非常古老,也非常贫困的国家。但它的地下却埋藏着丰富的矿产资源,和苏伊士运河也遥相呼应,英国、法国和意大利一直对它垂涎三尺。

　　尤其是意大利,曾经对埃塞俄比亚发动了两次战争,却都失败而归,最后又是赔礼又是道歉,可说是丢尽了脸面。

世界风云

墨索里尼上台后，第一个目标就是为意大利"报仇"！可是，他又担心遭到国际联盟的制裁。所以，他先是对埃塞俄比亚发动了一场突然袭击，然后贼喊捉贼，要求埃塞俄比亚赔礼道歉。

埃塞俄比亚当然不答应，马上向国际联盟告了一状。谁知，国际联盟却只是不痛不痒地说了意大利几句，就不了了之了！

墨索里尼一看，有戏！于是，一场蓄谋已久的战争爆发了！

一个是有枪有炮有坦克的欧洲强国，一个是连支像样的军队都没有的非洲土包子，结果不就是和尚头上的虱子——明摆着吗？

善良的人们都为埃塞俄比亚捏了一把冷汗。

但埃塞俄比亚的人民并没有被吓倒，他们在国王的号召下，不管男的女的，老的少的，全都投入到这场战争，齐心协力地给敌人制造困难。比如，把粮食藏起来啦，把骆驼和毛驴牵走啦，在井里撒上盐巴啦，等等。

如此一来，意大利军队每占领一个地方，找不到食物，又没有水喝，头上又顶着热辣辣的太阳，饥渴交加，战斗力越来越差，打到第二年，还是没有打败对方。

墨索里尼气得暴跳如雷，决定对埃塞俄比亚使用毒气弹！

可是，《日内瓦公约》明确禁止使用毒气这种化学武器。有的将士担心，一旦使用，会遭到国际联盟的制裁。

墨索里尼听了，哈哈大笑："我们现在打了埃塞俄比亚，他们也没吭声啊！《公约》不过是一纸空文，何必当真呢！"

不久，意大利向埃军阵地发射了大量毒气弹。埃军抵挡不住，最终因为寡不敌众，被意大利吞并了。

世界风云

西班牙发生内战

1931年4月，西班牙人赶走了他们的国王，成立了共和国。新生的共和国动荡不安，党派斗争得十分激烈。其中，斗得最厉害的，是共产党和长枪党。

1936年2月，以共产党为首的人民阵线赢得大选，长枪党对此十分不满，率先发动叛乱。西班牙内战就此拉开了序幕。

长枪党的首领叫佛朗哥，33岁就当上了欧洲最年轻的将军。他有一个外号叫"屠夫"，因为他曾经眼都不眨地杀了上千个人。

这个人一上台就叫嚣着："我要在几天之内把共和国干掉！"

可惜，他的大话并没有实现。因为共产党发动自己的力量，号召大家团结起来，进行了英勇而顽强的反抗。

各国人民也纷纷组织志愿军，赶来助战。他们有着

世界风云

不同颜色的头发、眼睛和皮肤，说着不同的语言，穿着不同的制服，人们亲切地称之为"国际纵队"。

其中，有一位加拿大医生，叫白求恩。他废寝忘食，哪里需要他就往哪里去，挽救了无数战士的生命（后来，他又去了中国，为中国的抗日战争献出了生命）。

至于英、美、法这三个国家呢，则完全坐视不管。因为他们不希望西班牙再成为一个像苏联一样的国家。如果法西斯势力能消灭共产党，那就再好不过了。

不过，佛朗哥也有帮手，那就是希特勒和墨索里尼。两人与他臭味相投，为他提供了源源不断的武器和士兵。

在他们的支持下，佛朗哥很快占领了西班牙的大片土地，打到了马德里。

据说，佛朗哥的手下拉诺的军队明明只有四个纵队，可有记者问他："哪支纵队会先攻进马德里呢？"

他却得意洋洋地回答："第五纵队！"意思是，他早就在西班牙政府安插了一批奸细、间谍。

西班牙政府听说后，吓坏了，立刻以清洗第五纵队为名，逮捕、处死了1000多人，其中还有很多国际纵队的人。

政府的行为让人们大失所望，军队的士气一落千丈。最终，佛朗哥打败共产党，当上了西班牙的独裁者。

从那以后，"第五纵队"就成了"间谍、内奸"的代名词。

世界风云

二二六兵变，日本走上法西斯道路

1936年2月26日凌晨，日本的东京下起了有史以来最大的一场暴雪。这时，一个令人震惊的消息传了出来——数位朝中重臣在府中遭到突然袭击，死的死，伤的伤（史称二二六兵变）。

而制造这起事件的，又是一帮年轻的军官。——没错，这并不是日本近年来的第一次暗杀事件了。

九一八事变之后，军官们一心要走法西斯道路，让天皇担任他们的领袖。于是，他们策划了一起暗杀事件，杀死了反对他们的首相。

当时，一些不明真相的人，还说他们是为了国家，为他们拍手叫好。法庭还没开庭呢，法官就先收到了一份请愿书，上面全是血淋淋的签名，要代替这些军

惹不起，我还躲不起啊？

世界风云

官去死。法官不敢惹怒众人,当即辞职走人,此事也就不了了之了。

军官们杀红了眼,胆子也越来越大。这一次更过分,就连首相和天皇的侍从官也差点被他们杀了。

日本虽然也是君主立宪制,但和西方国家不同。内阁和军部不是选出来的,而是由天皇任命的。

天皇知道后,拍着桌子大骂:"你们一口一个为了我,却又杀了我的臣子,这眼里是真的有我吗?"

一声令下,把那帮造反的军官"咔嚓"几下统统杀掉了。

可笑的是,这次兵变虽然失败了,但把日本人吓得够呛,从此再也不敢得罪军人。那日本军人最爱的事是干吗呢?当然是打仗了。只有打仗,才能显出他们的本领。

1937年7月7日,日本法西斯军队炮轰宛平城,在卢沟桥挑起了全面侵略中国的战争(史称七七事变)。从此,日本如一匹脱了缰的野马,在法西斯主义道路上一去不回头了。

自由广场

德意日联盟，世界大战又要爆发

英国某女记者

最近怎么搞的，日本出兵中国；意大利霸占了埃塞俄比亚；德国吞并了奥地利，占领了捷克斯洛伐克！听说这三个国家还凑在一起成立了什么"轴心国"，他们想干吗？

这几个国家都是面积小、市场小，而且一直都想扩大自己的地盘！可英美法这些强国不允许，它们势单力薄，所以就联合起来搞事了！

英国某牧师

瑞典某工人

哦，你的意思是这个"轴心国"的成立，是为了对付欧美这几个大国？可他们提出的口号，不是反对共产国际吗？

你傻！这不过是他们的幌子！要是现在就提"瓜分世界"，刺激了英法美几个国家，他们还有活路吗？但是呢，只要说是反对苏联，嘿嘿，英法美不但不会反对，反而还会支持呢！

瑞士某牧师

波兰某农民

哦，那英法美不是助纣为虐吗？我的天，世界大战才消停20年，难道又要来第二次？看来和平的日子又要到头了！

（注：1937年11月，德、意、日三国轴心正式形成。）

战争迟早是要来的

编辑老师：

您好。这些年，欧洲被希特勒搅得不得安宁——他先是在1938年，不费一兵一卒，占领了奥地利。现在又贪得无厌，想要捷克斯洛伐克的苏台德地区，还说不给的话，就用武力解决！

欧洲好不容易得到安宁，怎么能又打起来呢？作为欧洲老大，我们英国有责任阻止这件事情。所以，我一个从来不坐飞机的人，一个快70岁的老头，一个月内乘飞机跑了两趟德国，费了九牛二虎之力，才说服英、法、德、意在德国慕尼黑签订协议，同意把苏台德地区和平地交给德国。可捷克斯洛伐克人却满腹牢骚，说我把他们卖了。

我承认，捷克斯洛伐克是委屈了一点，但只要能换来整个欧洲的和平，不引起大战，退一步又有什么关系呢？你说是不是？

英国首相　张伯伦

首相大人：

您好！据我所知，签订协议的时候，并没有捷克斯洛伐克的代表在场。别人家的土地，你们怎么能私自替别人决定呢？如果您以为，希特勒得到苏台德地区就会满足，欧洲就会安宁，那您也太天真了！

您的做法，只是暴露了你们的恐惧。因为恐惧，希特勒扩军，你们不敢行动；希特勒撕毁《凡尔赛和约》，你们不敢行动；希特勒侵入别的国家，你们还是不敢行动！

但凡你们有一点反抗的行动，希特勒可能都会乖乖地缩回去！可是你们没有！你们一味地妥协，一味地退让，一味地纵容，用所谓的"绥靖政策"（指对侵略不加抵制，姑息纵容，退让屈服，以牺牲别国为代价，同侵略者勾结和妥协的政策），喂大了希特勒的野心！

如果有一天再次全面爆发世界大战，这其中有一半是你们的"功劳"！历史将永远把你们钉在耻辱柱上！

编辑　穿穿

（注：1939年春天，德军占领了整个捷克斯洛伐克，打碎了张伯伦的"和平"美梦。）

名人来了

特约嘉宾 希特勒（简称"希"）

越越（简称"越"）

> 嘉宾简介：现任德国元首。一个奥地利人，没有钱，没有后台，没有经验，却在不到14年的时间里，从一个身无分文的流浪汉，爬上了世界强国的元首宝座。谁也没有想到，他会把德国乃至整个世界，再次带入战争的深渊。

越：看您春风满面的，是不是摊上什么好事了？

希：嗯，刚和苏联签了个互不侵犯的和约。

越：啊，您不是才签了《慕尼黑协定》，同意派兵去攻打苏联吗？

希：哈哈，打什么打！他们不喜欢苏联，拿我当枪使？我可没那么傻！我的梦想是世界和平。

越：怎么可能？

希：不相信？我还差点得了诺贝尔和平奖呢！

越：不会吧？

希：（暴怒）怎么，我不配？

越：（连连摆手）配配配，这个世界和不和平，确实取决于您！

希：（脸色稍缓）德国当然希望世界和平，前提是别的国家也希望和平！我们也愿意放弃任何武器以及军队，前提是别的国家也这样做！如果他们做不到，那对不起，战争来了，我也不怕！

越：噢，千万不要打仗。战争太疯狂，太可怕了！

希：我倒觉得，战争是一门艺术，一门伟大的艺术！

越：这……您参加过战争吗？

希：当然。当年世界大战爆发的时候，我激动得要命。从进入战场的那一刻起，我的身上就充满了激情！

越：……您不觉得战争很残酷吗？

希：这个世界，强者一定会统治弱者，只有弱者才会认为这是残酷的。

越：那德国在上次世界大战中是弱者了？

希：别说了，德国投降的时候，我的整个心"吧唧"一下，碎成了好几瓣！

越：您应该庆幸，和平终于来了！

希：哼，"和平"的是英国、法国、美国，不是德国！德国人

名人来了

在这之后，活得连只蚂蚁都不如！

越：可你们至少还活着！很多人已经在战争中死去了！

希：这样活着不如死去！我们雅利安人（希特勒误以为自己是雅利安人），是世界上最优秀、最聪明的人种，应该由我们统治这个世界！

越：德国最聪明的，不是犹太人吗？

希：哼，犹太人！犹太人是我们雅利安人最大的敌人！他们生活在德国的土地上，却抢走了德国人的饭碗，吸德国人的血。更可气的是，战争的时候，他们倒卖军火，大发国难财；战争过后，宁愿把牛奶倒掉，也不愿意低价卖给穷人！这是人吗？这样的民族，早就该灭了！

越：灭了他们，德国就能好起来？

希：当然！打倒他们，就能瓜分他们的财富，解决这次经济危机！

越：还可以给大家看看，谁要是不服从您，谁就是犹太人的下场！——（讽刺）简直是一举多得啊！

希：没错，他们不亡，德国就不会复兴！

越：这口号喊得真响亮！

希：我可不是光喊口号，我曾经许诺过人民，让他们的餐桌上有牛奶和面包！你看，现在，我不是已经做到了吗？

越：既然德国人现在过得这么好，世界这么和平，就别折腾了吧！

希：不，我要让德国人过上更好的生活，让其他国家的人过上和我们德国人一样的日子！

越：噢，您可比墨索里尼聪明多了。同样的事情，墨索里尼张口闭口就是"抢"，您却说是为了人民！

希：老师说的也没错！不过，打仗这事，用不着废话！梦想不是说出来的，是做出来的！

越：……您的梦想是什么？

希：我的梦想是，有一天，我能代表德国人，站在世界最高的地方，向全世界的人说一声："立正！"

越：那您的梦想可能要落空了！再见！（一溜烟跑远了）

嘻哈乐园

给美国的道歉书

　　本国海军在攻陷中国南京时，因为某些军人眼睛近视，没看清，不小心炸掉了贵国的炮舰及商船，造成3人死亡，27人受伤。在此，特向贵国人民表示诚挚的歉意，也愿意赔偿一切给贵国造成的损失。

日本军部

与犹太人有关的各项禁令

　　为保护我们德国高贵的血统，现宣布：凡拥有德意志民族血统的人，禁止与犹太人结婚，禁止犹太人雇佣45岁以下的德国妇女为家庭佣人，禁止犹太人使用德国国旗。凡是没有德意志民族血统的人，一律剥夺德国公民权。

　　如何鉴定是不是犹太人呢？如果一个人的祖父母4人中有3个及以上是犹太人，则该人即为犹太人；如果仅有两个或一个是犹太人，则称之为混血儿。

德国政府

关于最低工资的建议

　　我国人口的三分之一，其中绝大多数从事农业或工业，吃不好，穿不好，住不好。为保证这部分人的权益，现规定：

　　每周工作40小时，每小时最低工资为40美分；禁止使用16岁以下童工；禁止危险的工种使用18岁以下工人。最低工资标准，则根据经济发展情况调整。

　　记住，我们的目标是要改善，而不是降低这些人的生活水平。

美国联邦政府

第 9 期
【1939—1941 年】
第二次世界大战全面爆发

穿越必读

尽管人类害怕世界大战，但第二次世界大战还是全面爆发了。这次战争是人类历史上一场空前的浩劫，给世界造成了极大的损失与破坏，也给各国人民的心灵造成了严重的创伤。

顺风快讯

波兰"突袭"德国
——来自德国边境的加急快讯

（本报讯）1939年8月31日晚上，一群"波兰士兵"在夜色的掩护下，悄悄地潜入德国边境的一座城市。只听"轰"的一声，他们先是把市里的一座桥炸掉，接着占领了该市的广播电台，用波兰语把德国劈头盖脸地骂了一通。

人们还没弄清楚是怎么回事，那群"波兰人"又神秘地消失了，地上留下几具身着德国军服的尸体。

没多久，德国的广播里传出了希特勒愤怒的声音："我们决不能容忍被波兰人这样欺凌！血债一定要血偿！"

咦，波兰不是和德国签订了互不侵犯的和约吗？为什么要"突袭"德国呢？记者经过一番调查，不到半个小时，查明了事情的真相：

原来，所谓的"波兰军人"，其实是希特勒的党卫军，"牺牲"的几个德国军人，也是来自德国大牢的死囚。而希特勒如此处心积虑，为的只是制造一个借口，攻打波兰，把"一战"后被波兰拿走的土地抢回来！

德国的阴谋能够得逞吗？

来自德国边境的加急快讯

奇怪的战争

1939年9月1日凌晨，希特勒以"复仇"为由，向波兰发起了"闪电战"。

什么叫"闪电战"呢？就是像闪电一样，快速地打击敌人，让敌人在突如其来的打击下迅速崩溃！

希特勒的做法是这样的：先是派出2000多架飞机，对波兰的机场、通信中心、道路以及桥梁进行轰炸；接着派出2000多辆战车、坦克，向波兰发起猛攻。

德军的动作确实够快，波兰还来不及反应，就已经被打得一塌糊涂。甚至有人还因此编出一个段子，说波兰骑兵没见过坦克，以为是敌人用来吓唬人的伪装，拿起马刀和长枪就往上冲，结果遭到德军坦克无情的碾压。

危急之下，波兰人只好向自己的盟友——英国和法国求救。

两个盟友扭捏了半天，冲着德国喊了一嗓子："限你们48小时内撤出波兰！"见光嚷嚷没用，这才硬着头皮向德国宣战。第二次世界大战全面爆发！

奇怪的是，说是宣战，两国军队却一直躲在战壕里，静静地坐着，一次枪也没放过（史称静坐战，也叫奇怪的战争）。因为他们还在幻想，德军占领波兰之后，会去攻打苏联呢！

而这时，苏联已经从东部出兵，占据了波兰的大片国土。在德国和苏联的夹击下，可怜的波兰抵抗了一个多月，再次灭亡了。

世界风云

敦刻尔克的奇迹

消灭波兰后，第二年，德国又以闪电般的攻势，先后征服了丹麦、挪威、荷兰以及比利时。而这时，英法联军仍然躲在马奇诺防线后面，继续"静坐"。

他们怎么也没想到，1940年5月，德军绕过马奇诺防线，将坦克开过茂密的森林，开进了法国！

联军大惊失色，赶紧向南撤退。德军兵分三路，像两只大铁钳一般，紧追不舍。

最后，联军被迫退到法、比边境的敦刻尔克——一个小得可怜的港口小镇。到了这里，联军面前是波涛汹涌的大海，再也无路可退。唯一的出路，就是从海上撤回英国，以保存实力。

可是，40万人同时撤退，到哪里找这么多船呢？

危急时刻，英国的新任首相丘吉尔下令，开展"发电机行动"，动员全国所有的

世界风云

船只来营救军队。

没多久,海上出现了一支奇怪的"船队"——船的样式各异,有渔船,有游船,有维修船,有扫雷艇,有救援船,还有雷达哨船,等等。开船的人也是五花八门,有银行家,有医生,有汽车司机,有工人,有渔夫,甚至还有老人和少年!他们没有武装,没有护航,在枪林弹雨中,如飞蛾一般,不要命地扑向敦刻尔克!

本来,"发电机行动"的最初计划是,每天1万人,能救出3万人就谢天谢地了。然而,这支奇怪的船队创造了一个大家都不敢相信的奇迹——在一个星期左右的时间,救出了33.5万人!其中有一艘小船,七进七出,救出了7000名士兵!

而德军呢,不知是担心遭到伏击,还是不想浪费昂贵的坦克,每天一味地派飞机轰炸,结果,眼睁睁地看着联军上船溜掉了。

值得一提的是,剩下殿后的5万多人,几乎全都是法国士兵。此后,法国军队士气大跌。

两周后,德军大摇大摆地开到了巴黎城下。意大利也趁火打劫,对法国宣战。号称"欧洲陆军第一强国"的法国,几乎未作任何抵抗,就向希特勒投降了。

世界风云

不列颠空战，
一场飞机与飞机的较量

法国投降后，大半个欧洲落到了希特勒手中，只剩下英国苦苦支撑。

希特勒"好心"提醒他们说："不要打了！想想那些在战争中牺牲的人们吧，放理智点儿！"

没想到，首相丘吉尔是个硬骨头。他表示，之前张伯伦已经上过一次当了，这一次，他可学聪明了，"无论代价多么巨大，誓死保卫英国，决不投降"！

希特勒恼羞成怒，于是下令制订"海狮作战计划"，正式攻打英国。

与其他国家不同，想到英国的土地上去打仗，要么从海上漂过去，要么从空中飞过去。而英国有着世界上最强大的海军，从海上过去，说不定半路淹死在海里。所以，德国再次拿出了他们的杀手锏——飞机。

从1940年8月开始，德国每天出动上千架飞机，对英国进行狂轰滥炸，有时一天甚至出动好几次。

英国人只要一抬头，就能看到蝗虫一般的机群。许多机场、工厂、城镇都被炸毁了，飞机的隆隆声，炸弹的轰轰声，机枪的哒哒声，没有一天停过……

然而，不管德军怎么轰炸，丘吉尔还是死活不投降，甚至以牙还牙，让英军对德国柏林投下炸弹，进行报复性的轰炸。

这一炸，把希特勒炸毛了："我要以十倍、百倍甚至千倍的

世界风云

炸弹还回去，把伦敦彻底毁掉！"

于是，德国派出上千架轰炸机，日夜不停地向伦敦发动空袭。眨眼间，整个伦敦燃起了熊熊大火，浓烟滚滚，就连王宫也不能幸免。以至于第二天阳光普照大地，伦敦却仍然灰蒙蒙的一片。

令人意外的是，英国人却像没事一样，还是照样生活、学习、娱乐，很多店铺也照常营业。

有个裁缝店，曾在门口挂了个"营业照常"的牌子。小店被炸毁后，又在废墟上挂出了"还是继续营业"的牌子。

丘吉尔也亲自上场坐镇指挥，为空军加油助威。在最激烈的一次空战中，德国有50多架飞机被击落、坠毁，英国却只损失了20多架飞机。

几个月过去了，德军还是在英国的上空打转。希特勒大失所望，只好下令放弃英国，结束了这场人类有史以来最惊心、最动魄的空战。

德军真的要进攻苏联吗

编辑老师：

　　您好！最近我收到一个情报，说希特勒制订了一个"巴巴罗萨"（"红胡子"的意思）计划，准备攻打苏联，还口出狂言，要在莫斯科过圣诞节。

　　对于这个消息，我是半信半疑。自从苏德两国签订条约后，我们一直把他们当作并肩作战的战友，还帮助他们攻打波兰。他们需要我们的地方很多，怎么会突然翻脸呢？而且这段时间，德国和英国打得不可开交，哪有工夫对付我们？这一定是英国人故意放出来的假消息，对吧？

苏联最高领导人　斯大林

斯大林先生：

　　您好！很遗憾地告诉您，这个消息是真的。不要再提什么条约啦，条约有用的话，还要军队干什么呢？

　　他们需要你们，但更需要你们的石油、小麦和矿产。而且你们一个是法西斯，一个是共产党，压根不是一路人。德国妄想吞并欧洲，又怎么可能允许身旁有一个比它更加强大的苏联呢？

　　不要怀疑了，赶紧准备战斗吧！据说他们企图像消灭波兰一样，快速消灭你们，连棉衣都没有准备。如果你们能坚持到9、10月份，气温下降，他们的坦克、飞机就会冻得"罢工"。到那时，你们就可以狠狠地收拾他们一顿了！祝苏联好运！

编辑　穿穿

　　（注：1941年6月22日，德军对苏联发起突袭。苏联军民奋起抵抗，最终成功地保卫了莫斯科，打破了德军不可战胜的神话。）

嘻哈乐园

自由广场

可恶的日本侵略者

中国某抗日士兵

为什么第二次世界大战要从德国入侵波兰开始算呢？日本早在1931年就在中国发动了"九一八"事变，1937年发动了"七七事变"！到今年，已经有九年了！

因为"二战"是一次世界性的大战。日本与中国，意大利和埃塞俄比亚，都只是国与国之间的战争，不"大"。而且，日本人从来没有向中国宣战，他们认为，自己不是侵略中国，是为了帮助中国人治理中国。

英国某军官

加拿大某医生

帮助？他们在南京就杀了三十多万中国人！吃中国人的心，毁中国人的家，拿中国人当靶子，做实验，甚至连孕妇肚子里的胎儿都不放过……唉，我说不下去了，他们简直不把中国人当人啊！

我们原本是计划三个月内就把中国烧光、杀光、抢光，没想到三年都没搞定！唉，中国人的生命就像野草一样，"野火烧不尽，春风吹又生"啊！佩服佩服！

日本某军官

中国某抗日士兵

别说三个月，三年，就算给你们三十年，你们也搞不定！我们会与你们斗争到底！

名人来了

特约嘉宾
戴高乐
（简称"戴"）

越越
（简称"越"）

嘉宾简介：法国军事家、政治家、外交家，有史以来最伟大的法国人之一。他忠诚、勇敢，在法国最黑暗的时刻，在大家都绝望的时刻，是他，以顽强的毅力和可敬的爱国精神，维护了法国的独立和尊严。

越：将军，您怎么跑英国来了？

戴：没办法，现在法国已经投降了，没有我的立足之地了！

越：那么多官员还待在法国，不是照样吃香的喝辣的吗？

戴：请不要把我和那群软骨头相提并论，谢谢！

越：软骨头？为首的可是"一战"中的战斗英雄——贝当元帅呢！

戴：哼，这一次却当了狗熊，就是他把法国卖给了希特勒。原本法国是可以不投降的！

越：不投降？噢，德国人进军速度那么快，您不害怕吗？

戴：当时只有巴黎被占领了，其他城市并没有。只要我们放弃巴黎，去别的地方重整军队，就有可能反败为胜！

越：那有人听您的吗？

戴：（黯然）没有。所以，我一个人到了英国。

越：我很好奇，那样的特殊时期，您身为国防部副部长，是怎么走掉的呢？

戴：当时我有个英国朋友要回英国，我去给他送别。在飞机将要起飞的时候，我趁大家不注意，跳上了飞机。

越：噢，您胆子可真大！可是，您一个人，能代表法国吗？

戴：这个问题，英国首相丘吉尔也问过我。

越：您怎么回答的呢？

戴：当然能！没有哪个政府有权出卖自己的国家和人民。现在，法国所有的官员里面，只有我一个人在抵抗。如果现任政府宣布投降，我就可以代表所有法国人民抵制它！

越：说得好！这才是法国人该有的态度！

名人来了

戴：所以第二天，丘吉尔就支持我在英国广播电台发表了《告法国人民书》。

越：啊，我听到了，我听到了！当时您在广播里说，法国还没有输！因为这是一场世界级的战争！无论怎样，法国战斗的火焰不能熄灭！也不会熄灭！……那气势，简直是气壮山河啊！

戴：嗯，我要告诉大家，并不是所有的法国官员都是贝当！所有愿意抵抗的法国官兵，请与我联系，我愿意做他们的领头人！

越：我听说，贝当因为这件事情，特别生气，说您是个叛国贼，应该判死刑！

戴：（大笑）应该判死刑的是他——贝当！

越：他可不觉得，他觉得自己是为了减轻法兰西的痛苦，才和德国签订的停战协议。您知道协议在哪签的吗？

戴：知道！在"一战"后法国和德国签约的"停战车厢"！这下可好，德国那帮老兵借这个机会，狠狠地羞辱了我们法国一把！

越：不只是这样，贝当他们把法国北部也给了德国，自己带着官员们去了南部的维希（史称维希政府）。

戴：不要提那帮"法奸"，他们就是法国的耻辱！真正的法国人，应该到我们的"自由法国"（后改名为"战斗法国"，法国光复后，成为法国临时政府）来！

越：现在有多少人投到"自由法国"的旗下了？

戴：已经有10万了！

越：太棒了！那祝将军早日光复法国！

戴：谢谢，一定会的！法国一定会重新成为欧洲的领导者！到那时，我一定要去看看你们中国的万里长城，看看和我们的马奇诺防线有什么不同！

越：欢迎欢迎！

（注：从此，成千上万的法国人投奔到戴高乐的旗下，开始一系列轰轰烈烈的救国运动。）

嘻哈乐园

广告贴吧

征船急讯

现在，我们的军队被困在敦刻尔克，情况十分危急。因船只有限，急需征用大量船只。凡达到征用标准的船只，必须在14天之内，将详细资料报至海军部，以备征用。请大家快速上报资料，配合我们的行动。

英国海军部

加快飞机制造

因前线飞机损失惨重，现决定组建飞机制造部，加快飞机制造，将飞机的制造能力，由每月700架，提高到1600架！

英国内阁

招募飞行员

因战况紧急，为储备后备人才，现特向欧洲所有国家招收飞行员。要求如下：反应灵活、思维敏捷、动作协调，学习能力强，情绪稳定。无经验者，可进入培训学校接受培训后再上战场。请各国人民多多支持。坚决打倒法西斯！

英国空军

美国继续保持中立

大家知道，我们美国不喜欢打架，也不想打架。为防止美国卷入战争，现宣布，美国将继续保持中立。凡我美国公民，一律不得向交战国运载、售卖军火，或搭乘交战国船只出外旅行，禁止向交战国提供金钱。

美国国会

智者为王第❸关

1. 现代法西斯主义的发源地是哪里？
2. 希特勒是德国人吗？
3. 纳粹党为了嫁祸给共产党，铲除所有党派，制造了什么事件？
4. 哪一位科学家在希特勒上台后，宣布脱离德国国籍？
5. 谁创设了电影节？
6. 日本在哪次事件之后，退出了国联？
7. 西班牙内战，是谁领导的军队获得了胜利？
8. 日本在哪一次事变后，彻底走上法西斯道路？
9. 德、意、日结盟，统称为什么？
10. 什么是绥靖政策？
11. 创造"敦刻尔克奇迹"的是哪两个国家？
12. 德国最先袭击的是哪个国家？
13. 当德国发起闪电战的时候，英法采用的是什么战术？
14. 法国投降后，是谁扛起了拯救法国的大旗？
15. 在"二战"初期，美国采取的是什么政策？

智者**无敌** 王者**为大**

第10期
【1941—1942年】

伟大的转折

穿越必读

"二战"爆发后,德、意、日等国分别在太平洋、苏联、北非等地开辟战场。它们攻城略地,一度处于优势。然而,随着世界人民反法西斯力量的增强,各战场不约而同地迎来了大战的转折点……

顺风快讯

日本偷袭珍珠港
—— 来自太平洋的加急快讯

（本报讯）1941年12月7日早上七点，太平洋上的珍珠港阳光灿烂，风景怡人。珍珠港是美国的海军基地，这天是星期天，不少官兵离开军舰去岛上休假了，留下的也在休息，或者在听音乐，港口一派和平、安宁的景象。

突然，100多架飞机从上空呼啸而下，炸弹如雨点般砸了下来。"轰隆隆——"一眨眼工夫，珍珠港火光闪闪，浓烟冲天。

"怎么回事？"

"是我们的飞机在做特别演习吗？"

官兵们惊呆了。直到八点，他们才收到上面发来的通知："珍珠港被日本偷袭了，不是演习！"大家这才回过神来，匆匆还击。

日本在珍珠港足足轰炸了两个多小时，才扬长而去。美国在珍珠港的军舰几乎全都被击沉或损毁，2000多名美国人丧生。

消息传来，罗斯福总统气得从轮椅上颤巍巍地站起来，说："耻辱啊，这是美国人的奇耻大辱！"说完，立即号召向日本宣战。

三天后，德国和意大利为了给日本小弟出头，也向美国宣战。

就这样，太平洋战争正式爆发了。

来自太平洋的加急快讯

自由广场

日本为何突袭美国

美国某汽车工人

日本鬼子太过分了！我们美国一直保持中立，只想卖点军火发发财，他们怎么就盯上我们了呢？

主要是因为石油！日本地盘小，资源少，最缺的就是石油！打仗没有石油，航母怎么开，飞机怎么飞？没有石油，日本整个都会垮掉！可这石油，多半要从美国进口，受你们控制，日本哪受得了！还有，他们好不容易在南洋抢了点地盘，你们美国却要他们撤军，他们能不冒火吗？你们呀，就是他们征服中国、征服亚洲的绊脚石！只要把你们消灭了，什么问题都解决了！

英国某商人

美国某小兵

要打就光明正大地打，堂堂正正地打，为什么要一边同意撤军，一边偷偷摸摸地搞突袭呢？卑鄙！无耻！下流！

我们没有偷袭！只是战书送到他们总统手上时，我们的战机已经炸完回家了！这能怪我们吗？再说一遍，我们没有偷袭！

日本某军人

英国某将军

哈哈，我们正愁如何把美国也拉进来，日本鬼子这么一闹，美国人跟咱们就是同一条船上的人啦！

中途岛战役，美国痛打日本

珍珠港事件之后，美国人非常气愤，出动飞机飞到日本上空，报复性地扔了一轮炸弹。这是"二战"开战以来日本本土第一次遭到攻击。

日本人吓了一大跳，更加坚定了要歼灭美军的决心。

1942年4月，美军的情报组截获了一份神秘的电报——日军将在"AF"方位发起一次进攻。

这个"AF"方位是指什么地方呢？

情报组根据各种资料，最后推测出日本人的目标，应该是中途岛。中途岛是太平洋上的一个小岛，位于太平洋航路的中点，面积不大，却也是美国的海军军事基地。

可很多人不相信。

于是，情报组略施小计，让中途岛的美军给美国发了封密电："'AF'方位缺乏淡水，请求支援！"

果然，假电报一发出，日军就知道了这个消息，要求军队在进攻前，做好淡水储备。

没错，就是中途

这淡水珍贵，一滴都不能洒了！

世界风云

岛！——美国人于是将计就计，设下埋伏，等待日军自投罗网。

1942年6月4日清晨，日本出动了几乎所有海军，悄悄地向中途岛靠近，准备像偷袭珍珠港一样，再创一次辉煌！

他们做梦也没想到，美国人已经对他们的行动了如指掌。

结果，日军的舰队刚出现，就遭到美军空军的猛烈轰炸——四艘大型航母被炸沉海底，几百名富有经验的战机飞行员也喂了鱼。

没有飞机的掩护，日军只好灰溜溜地撤走了。

可笑的是，日军明明败得很惨，却为了鼓舞军队士气，回头对老百姓说——日军大胜，成为太平洋的最强国！东京的人们不明真相，还提着灯笼，到处庆祝胜利呢！

唉，日本人呀，该怎么说你们好啊！

（注：中途岛海战的胜利，让美国人重新夺回了太平洋的主动权，日本开始走向失败。）

世界风云

"可怕"的斯大林格勒之战

在莫斯科战败后，希特勒很不甘心，1942年夏天，他又对苏联南部的一个城市——斯大林格勒下手了。

斯大林格勒（今伏尔加格勒），原名察里津，因苏联最高领导人斯大林而改名。这里盛产石油、粮食和煤炭，也是苏联一个重要的交通枢纽。

和之前的套路一样，德军先是出动上千架飞机，将斯大林格勒炸成一片废墟。之后突破苏军防线，攻入市区。

危急时刻，斯大林向全国人民发出号召："无论发生什么事，一定要守住这座城市！一步也不许后退！"在斯大林的号召下，苏联人民斗志昂扬，与冲进来的德军展开了激烈的巷战。

有多激烈呢？一句话，只要是活着的，碰上了就开打！城里的每一座房屋，每一个车间，每一个水塔，甚至每一堵墙，每一堆瓦砾，都是双方的争夺对象。尤其是火车站，更是反复争夺十几次！打得最激烈的时候，双方的士兵近得几乎都能听到对方的呼吸。

在这种情况下，德军每前进一米，都困难无比——

即使占领了客厅，但厨房还在对方手里；即便打到对方眼皮子底下，对方仍然在修理甚至生产武器；即便对方战死了，僵硬的手里还握着步枪……德军28天灭亡了波兰，58天还没攻下苏联的一座大楼！

在貌似看不见头的战斗中，德军的士气越来越低落。一个德国士兵写信回家说："斯大林格勒就在我们面前，离我们那么近，却又那么远，远得像天上的月亮……"是啊，明明就在眼前，却怎么也占领不了。这简直太可怕了！

然而，更可怕的还在后面——

激烈的战斗一直持续到11月份，寒冷的冬天来了！一声"开火！"苏联军队开始了准备已久的大反攻——

在一波又一波的强攻下，30多万德军被团团包围。日子一天天过去了，粮食和弹药越来越少，气温却越来越低，德军不是

世界风云

被冻死,就是被饿死,几乎每一分钟都有人死去。

司令官包卢斯只好向希特勒报告说:"不行了,继续抵抗已毫无意义,请允许我们投降吧。"

没想到,希特勒接到电报,暴跳如雷:"不许投降,一定要坚守阵地!直到最后一个人,最后一粒子弹!"意思是,实在不行,就以身殉国吧!

不过这一次,希特勒的命令已经不奏效了。1943年2月2日,9万多名德国官兵宣布投降,其中,居然有20多名将军!

"德国人投降了!""德国人投降了!""我们胜利了!""我们胜利了!"……刹那间,整个苏联,甚至整个世界,响起山呼海啸般的欢呼声。

这场胜利,既是苏联的胜利,也是全世界反法西斯的胜利,是伟大的苏联人民用鲜血,用生命换来的!伟大的苏联人民让全世界看到,法西斯是可以战胜的!他们是当之无愧的英雄!

(注:斯大林格勒战役的胜利,是第二次世界大战的伟大转折。从此,德军开始走下坡路,战争进入了新的阶段。)

再不投降,命都没了!

蒙哥马利沙漠猎"狐"

1942年8月,非洲传来一个消息——德军接连几次以少胜多,打败英军。英军被迫退到阿拉曼组成一道临时防线。这也是英军在非洲的最后一道防线,一旦失去它,英军将失去整个非洲。

"千万不能让他们靠近苏伊士运河!"丘吉尔急忙任命蒙哥马利为英军总司令,挺进非洲战场。

蒙哥马利到了前线,发现整个军队松松垮垮,一副随时要撤退的模样,当即下令烧掉所有的撤退计划,对士兵们说:"如果我们不能在这里活着,那么,就让我们在这里死去!"

士兵们见他态度坚决,顿时振作起来——

"太好了,有了蒙哥马利将军,我们再也不怕隆美尔了!"

"对,这回一定要给隆美尔好看!"

看到这里,你可能会问:这个隆美尔又是谁呢?隆美尔是希特勒的得力干将,也是这次大败英军的德军统帅。

不过,最早和英军交火的并不是他,而是意军。只是意军很不经打,参战不到半年,就被英军灭了10个师,惨不忍睹。为了拯救这个"猪队友",希特勒这才派出隆美尔。

令人惊叹的是,在隆美尔的指挥下,战争出现了惊天大逆转——英军被他打得落花流水不说,就连将军也被俘虏了!

因为他善于借助沙漠里的地形、气候用兵,像狐狸一样狡猾,人们称他为"沙漠之狐"。

怎样才能捉住这只狡猾的"狐狸"呢?蒙哥马利在自己的流动指挥所里,挂上了一幅隆美尔的画像,常常一盯就是老半天,思考隆美尔的下一步棋会怎么走。

与此同时,英国源源不断地向北非增加兵力,德国却因为把大部分兵力放在苏联战场,没有更多的兵力和坦克派往北非。双方陷入了拉锯战。

1942年9月,隆美尔因为生病,回国疗养。蒙哥马利知道后,欣喜若狂,立即抓住机会,集中所有兵力,向德军发起全面进攻(史称阿拉曼战役)!

等到隆美尔急急忙忙赶回非洲,一切已经来不及了。短短12天,德意联军死的死,伤的伤,能作战的坦克只剩下十几辆,甚至连粮食和弹药也供应不上了。最后,隆美尔不得不带着军队当了逃兵。

这一战,英军彻底解决了在北非的危机。此后,英军再也没有吃过一次败仗。

奇幻漂流

意大利该如何选择

编辑老师：

你好！我是意大利的国王。说来我们意大利的运气真差劲，"一战"老是打败仗，"二战"跟了德国，还是老打败仗。

短短几个月时间，英美盟军就结束了北非战争，拿下了西西里岛。据说，他们这次总共来了40多万人，几乎是德意联军的两倍！

现在，整个意大利炸开了锅！硬拼吧，那是拿鸡蛋碰石头——自不量力；投降吧，估计又会被人笑死！

大家都说，一切都是墨索里尼惹的祸，跟意大利人无关。如果投降，一切都还来得及。

我心里现在十分纠结，到底该怎么办呢？

意大利国王　埃曼努尔三世

尊敬的国王：

您好！想不到意大利还有国王啊？您不说我都差点忘了。真说起来，这一切得怪您。若不是您碌碌无为，胆小怕事，意大利怎么会被法西斯掌控，又怎么会落得今天这个局面呢？

我们中国有句老话，叫"识时务者为俊杰"。如今，盟军已经到了你们眼皮子底下。摆在你们面前的只有一个选择，那就是——抛弃墨索里尼，抛弃轴心国，结束战争。

没什么好纠结的。这种事，你们又不是第一次做了。"一战"时，你们不就从同盟国跳到协约国了吗？再做一次又何妨？就算会被世人嘲笑，为了意大利，为了全人类的和平，这也是值得的，您说对吧？

编辑　穿穿

（注：1943年9月，意大利无条件投降。）

名人来了

特约嘉宾
罗斯福
（简称"罗"）

越越
（简称"越"）

> 嘉宾简介：美国现任总统。他不顾本国人民的反对，将美国这个车子开上战争的道路。当"乘客"埋怨他不应该这样开车时，只有他相信，自己可以拐过那个危险的转角，将大家带到安全的地方。

越：总统先生，真没想到还能见到您！请问第三次当总统的感觉如何？

罗：（笑而不答，递给越越一片三明治）

越：（受宠若惊）啊，谢谢总统，真没想到还能吃到"总统三明治"！（很快吃了下去）

罗：（又递给他一片）

越：谢谢谢谢。哈，我可是受宠若惊啊！（又吃了下去）

罗：（又递给他第三片）

越：（暗自嘀咕）怎么办？已经吃不下去了！（但还是硬着头皮吃了下去）

罗：现在，你明白我的感觉了吧？

越：啊……（恍然大悟）明白了明白了。既然如此，您应该不会参加第四次选举了吧？

罗：这个，不好说……现在，美国就像一艘航行了一半的船，这时候换船长是很危险的。——当然了，一切以美国人民的选择为准，我说了不算！

越：您不是一国总统吗，怎么会说了不算呢？

罗：噢，这就是美国。美国总统必须听美国人民的。比如，在日本偷袭珍珠港之前，美国人害怕把他们的儿子、父亲、老公送到坟墓里去，只想保持中立，我想参战也没办法。

越：哦，我听说丘吉尔给您写信说，英国需要大量的军火，可又没有钱，希望您能帮帮他。

罗：这老伙计算是给我出了个难题。我想了两天，才想

名人来了

出一个办法，让国会同意向交战国出售军火。

越：可是，就算你们愿意卖，他们也没钱买啊！

罗：现在没钱没关系，可以先租借，等有钱了再还。

越：啊，这样也行？

罗：这也是没办法的办法。比方说，咱俩是邻居，如果你家起火了，我必须把花园的浇水管借给你用对吧。要是等你付钱，我家房子也会着火啦！

越：对对对。那这次起火的，可不只英国一家！

罗：没事。我和丘吉尔在纽芬兰签订了一份《大西洋宪章》，同意帮助任何一个被侵略的国家，包括苏联和中国。

越：您这样做，不怕招惹法西斯吗？

罗：这帮强盗！就算不招惹他们，他们也会对付你的。

越：既然你们早就想到了，为何没有早做预防呢？

罗：你怎么知道我们没做预防？（一脸高深莫测）

越：要是预防了，珍珠港还会被炸成那样？——啊，莫非那是你们的"苦肉计"？为了说服美国参战，假装被日本鬼子打了？！

罗：（笑）为什么这么说呢？

越：中途岛一战，你们不是成功地破译了日本的情报吗？以你们的能力，应该早该知道日本要偷袭的情报呀！

罗：（正色）小记者，这话不能乱说，死伤几千人啊，你可不能把这帽子随便戴我头上！

越：呃，我就随便猜猜……

罗：好了。不管怎样，美国已经参战了！我们26个国家代表在华盛顿签署了《联合国家宣言》，现在大家是一条船上的人了！

越：有了美国的加入，相信大家很快会取得胜利！

罗：到那时，大家可以建立一个新的维护和平的组织，一起来维护世界和平！

越：耶，太好了！让我们一起来期待吧！

（注：罗斯福是美国历史上唯一一个蝉联四届的总统。）

嘻哈乐园

广告贴吧

急需罐头原料

由我厂生产的午餐肉罐头，已经成为苏联军队最受欢迎的食品。现在，我厂每月要生产十几万吨午餐肉罐头，需大量猪肉、淀粉等原材料。请有相关资源者速与我厂联系，价格好商量！

另急招大量流水线工人，有无工作经验均可。

美国荷美尔食品加工厂

联合国家宣言

为了保卫各国的自由、独立以及人权与正义，现在（指1942年1月1日），我们26国在此签字保证：我们每一个国家，运用自己所有的力量，和轴心国及其从属国作战；决不单独和敌人结束战争，或者签订和约，直至完全战胜敌人。

世界反法西斯同盟

每人献出一粒米

兄弟们，我们被该死的美军围困在瓜岛，已经有一个多月了。现在，岛上一切可以吃的东西都吃完了，除了老鼠、蜥蜴，就连皮带、树叶、草根，也成了我们的食物，还有不少士兵得了病，死在丛林里。再这样下去，我们不是战死，也会饿死！所以，我们必须冲出去。为了给冲锋队一点力量，现在，请大家每人献出一粒米，熬点粥给他们喝吧！这样，他们才有力气继续战斗！天皇万岁！

日本驻瓜岛指挥部

第11期

【1943—1945年】

抗战联盟

穿越必读

　　自1943年下半年起,世界反法西斯战争的形势发生了重要变化,英国、美国、苏联越走越近,最终达成抗战联盟。在盟军的联合反攻下,德国和日本法西斯节节败退,最终先后签署了无条件投降书。

> 顺风快讯

盟军三巨头碰面啦
——来自德黑兰的加急快讯

（本报讯）为尽快打败法西斯，早日赢得胜利，1943年11月28日，美国总统罗斯福、英国首相丘吉尔，以及苏联领袖斯大林，来到伊朗首都德黑兰，共同商量如何对德作战。

> 来自德黑兰的加急快讯

这也是三位大佬的第一次见面。会议期间，丘吉尔给斯大林赠送了一把宝剑，斯大林也向丘吉尔表示了感谢。三方在友好的气氛中，展开了热情的讨论。

在讨论如何开辟第二战场时，双方产生了分歧。丘吉尔主张从地中海登陆，进攻巴尔干半岛，对德国进行包抄。斯大林不同意："我们现在对抗着德国300个师，你们才对抗10个师，不行，你们必须尽快从法国登陆！"

两人一言不合，拔腿要走。罗斯福急忙出来打圆场："怎么，你们两个欺负我走不动，显摆你们有两条健康的腿吗？"

两人听了，不由大笑，这才重新坐了下来。

经过几天反复的争论，三方决定，最迟在1944年5月1日前，发动"霸王计划"，开辟第二战场，以减轻苏联的压力。

从此，世界反法西斯战争进入了一个新阶段。

诺曼底登陆成功

盟军要在欧洲大陆登陆了！负责这次行动的盟军总司令，是大名鼎鼎的美国陆军上将艾森豪威尔。要是登陆成功，德国将再次陷入两线作战的噩梦！这可是希特勒最害怕的事。

据了解，最适合盟军登陆的地方有两处，一处是诺曼底，另一处是加来。那么，盟军会在哪里登陆呢？

不久，有关盟军的情报像雪片一般飞到希特勒手里：

"报告，盟军正在到处购买加来地图！"

"报告，盟军正在向加来增派兵力！"

…………

希特勒信以为真，于是立刻派出大军，进驻加来。对诺曼底的防守，相对就薄弱多了。

那么，盟军真的会在加来登陆吗？当然不是。那些情报是盟军放出的烟幕弹。盟军真正要登陆的地方，是诺曼底，时间定在1944年6月5日。

当天晚上，海上狂风大作，巨浪滔天。德军心想，这样的天气出海，不是脑子进水了吗？于是放松了警惕。

他们做梦也没想到，盟军会在这个时候顶着呼啸的狂风和翻腾的巨浪，向着诺曼底开过来！

直到警报响起来，德国的将军们还在怀疑——

"不可能！这种天气怎么会有舰队出现呢？是海鸥吧？"

世界风云

"要么是盟军声东击西？实际要进攻的是加来？"……

直到黎明时分，盟军的飞机开始对诺曼底进行猛烈的轰炸，德军才如梦初醒，匆匆备战。

据说，德军向希特勒不断地发出电报，请求支援，却一直没有回音。因为希特勒当时睡着了，没有一个人敢去吵醒他。等到希特勒醒来的时候，成千上万的盟军已经登上了法国的土地。

希特勒醒来后，气得狂叫："一定要把那些盟军扔回海里去！"

可惜，一切已经晚了。

盟军士兵登陆成功后，不但攻占了德军的阵地，还从法国一路打到德国，法国、荷兰和比利时再次成为独立的国家。

自此，德国在西欧的防线全面崩溃。希特勒的噩梦就要开始了！

"死亡工厂"——奥斯威辛集中营

当西线盟军击退德军的时候，东线的苏联军队也乘胜追击，把德军打回了德国老家。

1945年1月，苏联红军解放波兰，开进南部一个叫奥斯威辛的地方。这里原本是一个宁静而美丽的村庄，被德国法西斯占领后，四周装上了铁丝网，建成了一座集中营。

起初，集中营是用来专门关押犹太人的地方；后来，除了犹太人，一些被认为是反对纳粹的人，也被关了进来。奥斯威辛集中营，就是许许多多集中营里最大的一个。

从外面看，营里种满了花草树木，不时还有悠扬的乐曲传来，令人心旷神怡。谁能想到，这么美丽的地方，居然是一座巨大的"杀人工厂"呢？

进入集中营的"犯人"，通常被分成三种，一种是有劳动能力的，一种是没有劳动能力的，还有一种是有特殊用途的。

没有劳动能力的，直接送往毒气室。进去的人，不一会儿便中了毒气，痛苦地死去。据统计，这样被毒死的人，集中营每天都有上千人，有时一天竟高达五六千人！

而一些有特别用途的，则被送到"医院"。别误会，这里的"医生"并不是给"犯人"看病的，被送进去的人，通常被扒光衣服，供"医生"做一些"科学实验"——脂肪被做成肥皂，皮肤被做成灯罩，就连头发也被做成毯子……

绝密档案

而有劳动能力的,无论男人女人,都被剃光头发,换上带编号的囚衣,押到工场做苦役。若有一点儿不听话,就会遭到各种各样残酷的惩罚。

最常见的一种惩罚是挨鞭子。纳粹看守一边抽打"犯人",一边要"犯人"不停地报数,一直报到"25",如果报不清楚,或者中途停止,就又从头再打。打到最后,没有一个不被打得皮开肉绽、死去活来的。最后,"犯人"还要带着笑容,感谢抽打他的人"恩赐了25鞭子"。

还有一种更恐怖——将两个"犯人"装进一个笼子里,笼子很小,只能站下两个人,而另一个人已经死了。活着的人被迫与尸体面对面站到一起,直至死去。

这样的地方太可怕了,很多人都想逃走。可针对越狱的"犯人",刑罚更加残酷。可以说,只要进了这个集中营的大门,就再也出不来了。从1940年6月运进第一批"犯人"开始,在这里被残酷杀害的人高达上百万!

这座浸透了人们血泪的地狱,是德国纳粹屠杀犹太人的铁证。它的存在,无时无刻不在提醒着我们"要和平,不要战争"!

希特勒的末日

苏联红军一路高歌猛进，不久就攻进柏林。眼看败局已定，希特勒的心腹们一个个如同丧家之犬，纷纷逃离。

"都是一群草包、废物！"希特勒气得要命，下令不惜一切代价进行反攻，要把苏军赶出去。

可这一次，手下们不但按兵不动，还企图向苏军投降。

1945年4月25日，美军与苏军在易北河胜利会师。这激动人心的一刻，被记者拍了下来，像旋风一般，传遍了整个世界（史称易北河会师）——

"东西线连在一起了！"

"希特勒的末日要到啦！"

希特勒听到这个消息，顿时像泄了气的皮球，说："现在一切都完蛋了！"

紧接着，又一个"不幸"的消息传到了他的耳中——墨索里尼被意大利游击队抓住，处死了，尸体被愤怒的群众倒挂在广场示众。

这下，希特勒彻底绝望了。他知道，要是他被抓住之后，比墨索里尼的下场还要惨。于是，他和他的情人双双逃入地下室，开枪自杀，然后被随从抬出地下室，浇上汽油，一烧了之。

法西斯魔王希特勒就这样结束了他的一生。

5月8日，德国军方代表在柏林无条件投降，德国法西斯就此灭亡。世界人民终于迎来了胜利的曙光！

奇幻漂流

美国的秘密武器

编辑老师：

　　您好！如今，墨索里尼死了，希特勒也死了，欧洲战场已经结束战争，只有日本还在跟疯了似的负隅顽抗，不肯投降。要是真跟他们玩命，我军将会有高达一百万人的伤亡！

　　前几天，有人告诉我，我们已经研制出了一种秘密武器。这种武器威力十分巨大，只要一颗就能炸掉整座城市，甚至整个地球！所以，我决定拿日本的长岛做试验，如果真有那么大的威力，相信日本很快就会乖乖投降的！

美国总统　杜鲁门

尊敬的总统先生：

　　您好！您所说的"秘密武器"，就是指原子弹吧？如果这事让希特勒知道，他一定会气得再活过来。因为，原子弹的核裂变原理最早是由德国科学家发现的，最早研制原子弹的也是德国。

　　只是后来，爱因斯坦等犹太科学家逃到美国，写信给罗斯福总统说，如果让希特勒先研制出原子弹，那将是全人类的灾难。美国这才开始启动制造原子弹的计划。

　　也就是说，科学家们制造原子弹的目的，是为了阻止法西斯的暴行。而现在，您为了打赢这场仗，居然要把这种武器用在平民百姓身上？

　　我希望战争快点结束，我也期待世界早日和平！但是如果这一切，需要使用核武器才能实现，我坚决反对！

《世界历史穿越报》编辑部　编辑　穿穿

编辑 穿穿

　　（注：1945年8月，美国向日本的广岛、长崎投下两颗原子弹，造成十几万人伤亡。其后，苏军出兵中国东北，歼灭了日本关东军，中国军民也开展大反攻，日本被迫无条件投降。至此，第二次世界大战结束。）

自由广场

"二战"实力谁最强

要说实力最强的，那肯定是我们苏联了！我们以伤亡2500万人的代价阻止了德国的入侵，为盟国做出了巨大的贡献，是当之无愧的"钢铁洪流"！

苏联某士兵

美国某军人

最厉害的，应该是我们美国人！美国人装备精良钱又多，要是没有我们美国的武器装备和粮食，世界早就是德国的天下了！

虽说德国战败了，但要说战斗力之高，还得数德国吧？他们的空军、陆军，可是打遍欧洲无敌手！即使是不怎么样的海军，也把盟军搞得够呛！还有日本，可别小看他们！美军为什么要扔原子弹？就是因为如果直接进攻，美军伤亡也不会小多少！

挪威某军事爱好者

中国某平民

噢，打仗厉害很光荣吗？这次战争死了约6000万人，浪费了4万多亿美元，可以说是人类历史上规模最大、最恐怖的一场战争了！我只希望，这种战争以后不要再发生了！

名人来了

特约嘉宾
丘吉尔
（简称"丘"）

越越
（简称"越"）

> 嘉宾简介：英国战时首相。在所有人都绝望的时候，只有他，以超人的胆识，带领英国人民誓死抵抗，成为拯救英国乃至世界的大英雄。在日本人投降之前，他作为英国代表参加了波茨坦会议。

越：首相先生，你们最近会议开得很勤啊，2月份不是才在苏联的雅尔塔开了一次吗？怎么又来波茨坦开会了？

丘：那不同。雅尔塔会议主要是讨论德国投降后，如何处置德国的问题。波茨坦会议主要是督促日本投降。可惜……

越：可惜您的老朋友罗斯福总统看不见了！

丘：是啊！要是这次再和斯大林那个大胡子吵起来了，再也没人劝架喽！

越：您怎么总跟斯大林吵架？大家都是一个战壕里的朋友，让一下不行吗？

丘：哼，说实话，我打心眼里不喜欢苏联。若不是情况特殊，打死我，也不会和苏联走到一起！

越：所以，苏联让你们开辟第二战场的时候，你们就按兵不动，一直不予理会？

丘：……明人不说暗话。我希望苏联和德国最好能斗得两败俱伤，这样，他们就不会在欧洲抢地盘了！

越：他们的百姓在流血，连面包都没得吃，哪有时间来抢地盘啊？

丘：现在不会，不代表以后不会！法西斯现在是兔子的尾巴——长不了了，但如果让苏联强大起来了，这个世界就麻烦了！

越：美国也很强大啊，您怎么不担心？

丘：美国人是我们的朋友，不用担心。要不是他们帮忙，英国早在不列颠之战时，就被德国灭了。

名人来了

越：嗯，那次空战，英国人，尤其是您的表现相当精彩！

丘：别提了，当时举国上下，没有一个人相信英国能打败德国！我每天只有靠喝酒织毛衣，给自己打气！

越：那您为什么不投降呢？

丘：投降？我丘吉尔的字典里没有这个词！只要我丘吉尔当首相一天，我就会带领大家，用我们全部的力量，在海洋中作战，在空中作战，在田野作战，在山区作战！不惜一切代价保卫大英帝国，争取胜利！

越：您确定你们一定会胜利？

丘：我研究过历史，历史告诉我们，失败的时候，不抛弃，不放弃，坚持下去，就肯定会出现转机！斗争到底的国家会再次雄起，那些乖乖投降的国家则会灭亡。

越：您这么拼命，为的是什么？

丘：当然是为了保卫人民，保卫国家！

越：如果，我是说如果，如果您带领人民取得了"二战"胜利，您的人民却没有继续让您当首相，您会怎么样？

丘：（小声嘀咕）不会这么忘恩负义吧？

越：您说什么？

丘：噢，没说什么！我打仗，就是为了保卫人民的权利。他们有权力把我赶下台，这就是民主！

越：其实，地球少了谁都能转。不当首相，您就写书好了。以您的才能，说不定能拿个诺贝尔奖，哈哈。

丘：真的吗？那敢情太好，走，那咱们先提前庆祝去！

（注：会议还未结束，丘吉尔就回国参加大选，不幸落败下台。1953年，由他撰写的《第二次世界大战回忆录》获得诺贝尔文学奖。）

广告贴吧

波茨坦公告

经美、中、英三国协商决定，只要日本停止抵抗，无条件投降，同意给日本一次机会，结束这次战争。我们只会追究部分战犯的罪责。若日本一意孤行，坚持抵抗，我们将让日本军队，甚至整个日本完全毁灭。望日本政府慎重考虑。

美、中、英于1945年7月于柏林波茨坦

患者的福音

伤口发炎怎么办？盘尼西林（即青霉素）来帮你！

"二战"中，盘尼西林挽救了无数受伤士兵的生命，是与原子弹、雷达并列的三大发明之一，价格也非常昂贵。

现在，由于国家大批量生产，一支盘尼西林售价才1美元，家家户户都用得起。还等什么呢？赶紧给家里备上一支吧！

美国平安药店

一起来摇摆吧

打仗不如跳舞！吃饭不如跳舞！谈恋爱不如跳舞！

没有摇摆，生活毫无意义！

来吧，让我们加入当今最红的流行天团，尽情地摇摆吧！

美国摇摆乐团

第12期

【1945—1949年】

和平来了

穿越必读

  第二次世界大战结束后,美、苏两个超级大国开启了一场没有硝烟的战争。双方相互伤害,严重阻碍了全球化的进程,但也促进了世界多极化的发展。

顺风快讯

联合国成立了
——来自美国纽约的特别快讯

来自美国纽约的特别快讯

（本报讯）世界大战给人们带来了无尽的伤痛，浪费了数不清的钱财。尤其是原子弹的出现，让人们无比恐惧——一个原子弹就可以毁灭一座城市，如果再打下去，世界上还会有活着的人吗？有没有什么办法，可以避免发生战争呢？

1945年10月24日，英、法、美、苏、中等五十多个国家联合起来，建立了一个新的国际和平组织——联合国。

和之前的国际联盟不同的是，联合国欢迎所有国家加入，为表示公平，采取一国一票的原则。每个国家不管强弱、大小，都可以表达自己的想法，行使自己的权力。

联合国选出了15个国家成立安理会，其中，美、苏、英、法、中这5个国家为常任理事国，拥有一票否决权。它们的主要工作是维护国际和平与安全，协调各国行动，就像消防队一样，哪里冒火便去哪里灭火，不让大火烧起来。

有了联合国，每个人对世界和平充满了期待。

自由广场

天皇为何没有被列为战犯

现在希特勒、墨索里尼已经死了，其他战犯也都一一受到了法律制裁。为什么日本天皇却没有被列为战犯，还好好地坐在天皇宝座上？对这次战争发号施令的，不就是他吗？

英国某军人

美国某将军

是不是他发起战争的，我不知道。我只知道，若不是天皇下令，让日本人放弃抵抗，疯狂的日本人不会这么快投降！如果把这样一个人送上断头台，日本以后可能会变得更混乱！

即使天皇有用，处死这个天皇，可以再拥立一个新的天皇啊！这日本人上上下下，都是唯天皇之命是从，天皇都没有受到惩罚，那就说明天皇没错；天皇没错，他们这些听天皇的人怎么可能觉得有错？怪不得他们至今不认罪！

中国某军人

日本某战犯

我们是有罪，但要说谁是头号战犯，难道不是那些欧美国家吗？虽然我们攻占了菲律宾、新加坡，但我们打败的是美国，是英国！我们的投降，绝不是"投降"，只是为了"结束战争"！

世界风云

美苏冷战，针锋相对

联合国成立后，每年要开一次大会。大会上嗓门最大、走路最威风的，一个是美国，一个是苏联，其他国家都要看它们的眼色行事。

这也难怪，"二战"结束后，世界上只有这两个国家还很强大。它们都拥有广阔的土地，丰富的资源，众多的人口，都是名副其实的大国。

然而，它们却是两个完全不同的国家。

美国是一个老牌的资本主义国家，一切向"资本"，也就是"金钱"看齐。他们认为，一切私有财产都应该归个人所有，你的就是你的，我的就是我的，任何人都不可以侵犯。在不违背法律的情况下，一个人想说什么，做什么，别人都无权干涉。只要有足够的金钱，工人可以当老板，普通人可以竞选总统——当然，如果总统干得不称职，就算他再有钱，下一次人们也不会再选他了。

而苏联是一个崭新的社会主义国家。他们认为，所有的生产资料都是属于国家的，任何个人都不得据为己有。为了集中力量做大事，大家要一起耕种，一起工作，一起吃饭，一切都听国家安排。因为担

资本主义我喜欢！

心人们的思想被"资本"腐蚀，苏联就干脆和美国这些国家断绝来往了。这样，苏联不知道外面是什么情形，外面也不知道苏联里面是什么情况，就像有一道铁幕横在中间，把苏联和世界隔开了。

这两个国家是如此不同，却都觉得自己的国家是最好的，希望世界上别的国家也能像自己，不要像对方。

于是，有的国家喜欢美国人的生活方式，开始靠向美国；有的人喜欢苏联人的生活方式，开始靠向苏联。还有的国家，一部分想过美国人的生活，一部分想过苏联人的生活，结果分裂成两部分，比如亚洲的韩国、越南，以及欧洲的德国等。

日本投降后，朝鲜半岛以北纬38度为界，分裂成两个国家。南部成立了大韩民国（也称南朝鲜或南韩）；北部成立了朝鲜民主主义人民共和国（也称北朝鲜或北韩）。双方势同水火，谁也不愿意过对方那种生活。

欧洲的德国，被苏、美、英、法分成了四份，柏林也被一分为二。苏联占领的地方，被称为"东德"，美、英、法占领的地方，被称为"西德"，一家人变成了两家人。

两大阵营谁也不服谁，却又打不起来。因为苏联继美国之后，也造出了原子弹——是啊，一旦原子弹爆炸，大家都被消灭了，

世界风云

不服来战!

你动动我试试!

资本主义也罢,社会主义也罢,再好又有什么意义呢?

所以,双方谁也不敢开第一枪,只好在其他方面动脑筋,比如经济封锁,外交谈判,科技竞赛,等等。人们把这种状态称为"冷战"。

世界风云

他让印度赢得了独立

经历两次世界大战,大英帝国的辉煌一去不复返,对于殖民地的控制,也渐渐力不从心。一些殖民地为了摆脱英国,建立自己的政府,有的组建军队进行反抗;有的组织演讲或游行,进行非暴力的抗议活动,比如印度。

早在1920年,印度就掀起了一场"非暴力不合作运动",发起这场运动的人叫甘地。

甘地是个土生土长的印度人,从小就不喜欢暴力,甚至连虫子啊,蚂蚁啊,都舍不得杀。

他认为,印度人并不想打仗,只想独立;英国人也不想打仗,而是为了赚钱。只要让英国人在印度赚不到钱,不需要动刀动枪,也不需要流血牺牲,英国人也会乖乖地离开,同意印度独立。

那么,怎样让英国人赚不到钱,又不犯法呢?

一是拒绝英国货。比如,之前,英国人从印度人手中买下棉花,做成布料和衣服,再卖给印度人,赚了很多钱。现在,甘地带头在家每天花上几小时织布,再也没人买英国人

世界风云

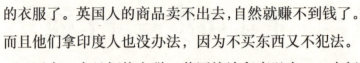

的衣服了。英国人的商品卖不出去，自然就赚不到钱了。而且他们拿印度人也没办法，因为不买东西又不犯法。

还有一个是拒绝交税。英国统治印度以来，一直征收很高的税，尤其是盐。因为印度气候炎热（那时候还没有冰箱），需要用盐来保存食物。印度人对这高额的盐税早就十分不满了。于是，甘地带着大家到了遥远的海边。海水不是咸的吗？甘地教大家如何让海水蒸发，用这样的办法，帮老百姓得到了免费的盐。

英国人知道后，气急败坏——这不是断了英国财路吗？于是出动大量警察镇压他们。

可是，老百姓又没犯法，世界各地的人都很同情他们，就连英国人也指责这些警察的行为。甘地一下子就出了名。

在甘地的影响下，人们不在英国人的政府上班，不进英国人的法院打官司，不入英国人开办的学校，不在英国人的工厂做工，放弃英国给予的各项头衔和荣誉，等等。甘地的声望也越来越高，人们尊敬地称他为"圣雄"。

1947年8月，英国内外交困，只好同意印度独立。由于人们的信仰不同，经过一番火拼，最终印度大陆诞生了两个独立的国家——印度和巴基斯坦（史称印巴分治）。

为什么要把我们的土地分给犹太人

编辑老师：

您好。最近联合国大会投票通过了一个方案，要在巴勒斯坦的土地上，建立一个犹太国，还把圣城耶路撒冷划出来，由联合国管理。而且，犹太国的面积比巴勒斯坦还要大，还要肥沃！

消息传出后，巴勒斯坦，甚至整个阿拉伯世界都气坏了！

没错，我们很同情犹太人，可他们建国，为什么要霸占我们的土地？是谁把犹太人害成这样的？是我们吗？不是，是德国！为什么不从德国划出一块土地，却要损害跟他们无关的巴勒斯坦的利益？！如果他们一定要这么欺负人，我们绝不是好惹的！

一名愤怒的巴勒斯坦人

愤怒的巴勒斯坦人：

您好。以色列为什么要在中东建国呢？因为3000多年前，犹太人也生活在这片土地上。只是在经历"巴比伦之囚"事件之后，犹太人几次尝试建立国家，都未成功，就不得不到处流亡了。犹太人离开后，迦南，也就是今天的中东地区就成了你们的地盘。

由于他们的祖先曾经生活在这块土地上，犹太人想重归故土，也是可以理解的。

所以这件事，我觉得你们最好还是能坐下来好好商量，不要用战争来解决问题。真要打起来，你们也不一定是以色列人的对手。到时受伤的还是无辜的百姓啊！

编辑 穿穿

（注：1948年5月14日，以色列国宣告成立。第二天，中东五国攻入以色列，第一次中东战争爆发。中东战争先后爆发了五次，是第二次世界大战后持续时间最长的局部战争。）

智慧森林

毕加索与和平鸽

  毕加索是西班牙当代著名画家，画了很多出色的作品，但他最出名的一部画作，却是一只鸽子。

  "二战"期间，巴黎被德国占领了。毕加索一直在"艺术之都"巴黎居住，对法西斯党徒无比痛恨，却又无可奈何。

  一天，一位老人走进了他的画室，手里捧着一只浑身是血的鸽子。老人是毕加索的邻居，儿子和儿媳全都打仗去了，家里就剩下他和孙子相依为命。

  前不久，前线传来一个噩耗，两人在战争中不幸牺牲了。

  老人的孙子养了一群鸽子，为了训练它们，他在竹竿上绑了一块白色的布条。父母死后，孩子对法西斯深恶痛绝，觉得竹竿上的白布条，像是表示投降的小白旗，于是换上了一根红布条。

  万万没想到，德国士兵看到后，硬说孩子是在向游击队通风报信，竟把他活活地扔到楼下，摔死了。

  毕加索听了，不由得落下眼泪。老人央求他说："先生，请给我画一只鸽子，让我纪念我那可怜的孙子吧！"

  就这样，毕加索怀着悲愤的心情，画了一只鸽子。

  "二战"结束后，人们特别渴望过上和平的生活。于是，毕加索再次画了一只衔着橄榄枝的鸽子，献给了世界保卫和平大会。

  从此，鸽子被人们公认为和平、友谊、团结、圣洁的象征，"飞"向了世界，而毕加索也被称为"和平鸽之父"。

名人来了

特约嘉宾
杜鲁门
（简称"杜"）

越越
（简称"越"）

嘉宾简介：美国第33届总统。为谋求世界霸权，他提出了著名的"杜鲁门主义"，主张遏制苏联，抵抗共产主义运动，从而掀起了一场资本主义阵营和社会主义阵营之间的冷战。

越：总统先生，恭喜您再次当上总统。

杜：谢谢美国人民对我的信任，我会继续努力的。

越：罗斯福总统连任了4届，您有信心超越他吗？

杜：噢，罗斯福总统连任4届是特殊情况，不能成为常例。现在国会已经修改了总统法，任何总统都只能连任一次。

越：啊，那您下一届不也没戏了？

杜：没关系。以后总统都这样，大家一视同仁。

越：哦，你们和苏联还真不一样。苏联即使有人反对斯大林，也不敢赶他下台呢！

杜：说制度，肯定是我们美国更好一些啦。

越：话也不能这么说，苏联在"二战"立下大功，现在也有很多国家向往共产主义，想过苏联那样的生活！

杜：哼，苏联怎么能跟我们比？

越：现在能跟你们比的，也就一个苏联了。要是没有苏联，这"二战"到现在估计都还没结束呢！

杜：过去的事就让它过去吧，咱们要向前看！

越：呀，这么快就过去了？你们当年好歹一起并肩作过战，也算是患难之交啊！

杜：当年能一起作战，是因为有共同的敌人。现在嘛，我们是道不同，不相为谋！

越：其实我觉得，不管是走社会主义道路，还是走资本主义道路，每个国家有每个国家的情况。大家各走各的，互不干涉，不挺好的吗？

杜：错！如果让苏联和其他一些国家继续走社会主义道

173

名人来了

路，后果不堪设想！

越：（小声嘀咕）你们还真是太平洋的警察——管得宽呀！

杜：你说什么？

越：我说，那您的意思是……

杜：作为世界上最强大的国家，我们美国有责任，有义务，去帮助别的国家，让别的国家不要再走苏联的老路！

越：怎么个帮助法？

杜：战后人们最大的敌人是贫穷。所以我们的国务卿马歇尔提出了一个"欧洲复兴计划"（即"马歇尔计划"），帮助欧洲各国迅速恢复经济，恢复信心。

越：您说的欧洲，包括东欧吗？

杜：噢，东欧我们管不了，有苏联看着呢。他们为了对付我们，成立了一个什么经济互助委员会（简称"经互会"）。不过没关系，只要西欧稳定了，这个经互会就不足为惧了。

越：这么一来，你们就可以打开西欧市场，取代英国控制西欧的经济命脉，一举两得啊！

杜：呵呵，我们为这个计划花了一百多亿美元，他们回报一下我们，难道不是应该的吗？

越：唉，也是，总比天天打仗强。

杜：那当然！打仗只会让人们更贫困、更落后！

越：你们付出这么多，现在一定有很多国家"亲美"吧？

杜：唉，气死我了，还是有很多国家"亲苏"。还有的呢，既不亲苏，也不亲美，说自己属于"第三世界"。不过，那些都是贫穷又落后的国家，它们的想法不重要……

越：总统先生，您可别小看它们哦！

杜：（耸耸肩）目前的情况确实是这样。

越：呃，谢谢总统先生接受我的采访。无论如何，希望未来不要有第三次世界大战了！

杜：请大家放心！以后无论发生什么样的战争，我们美国都不会坐视不管！

越：和平万岁！

（注：1991年，苏联宣布解体。美苏冷战以苏联的失败而告终。）

广告贴吧

史上第一台电脑诞生了

在众位科学家的共同努力下,人类第一台电脑于今天(指1946年2月14日)在本校光荣诞生!这台电脑占地170平方米,体重30吨,是个非常可爱的大家伙!

明日,我们将为它举行一次隆重的揭幕典礼。到时,它会为大家表演它的绝招,在1秒内进行5000次加法运算和500次乘法运算!敬请期待!

美国宾夕法尼亚大学

欢迎加入北约

为维护世界和平,保护西方国家,1949年4月4日,美国与加拿大、英国、法国、比利时、荷兰、卢森堡、丹麦、挪威、冰岛、葡萄牙、意大利共12国在华盛顿签订了《北大西洋公约》,8月正式成立北大西洋公约组织。

本组织的宗旨是:共同发展经济、军事、科技,加强文化交流;凡成员国受到他人攻击,其他缔约国家应立即予以援手!欢迎大家加入!

北大西洋公约组织

(注:为应对"北约",1955年,苏联联合波兰、保加利亚等在波兰首都华沙签署《友好合作互助条约》,成立华沙条约组织,简称"华约"。)

热烈庆祝

中华人民共和国成立了!
中国人民站起来了!

中华人民共和国1949年10月1日宣

智者为王第 ❹ 关

1. 什么事件把美国卷入了第二次世界大战?
2. 太平洋战争的转折点是哪一次战争?
3. 德国在哪一次战争后,开始走下坡路?
4. "沙漠之狐"是指谁?
5. 轴心国最先投降的是哪个国家?
6. 美国一连四次担任总统的是谁?
7. 获得诺贝尔文学奖的英国首相是谁?
8. 德国纳粹最大的集中营位于哪个国家?
9. 盟军登陆的地点是哪里?
10. 美国的秘密武器是指什么?
11. 希特勒是怎么死的?
12. 联合国是哪一年哪一月成立的?
13. "和平鸽之父"毕加索是哪个国家的画家?
14. 史上第一台电脑是哪一年诞生的?
15. 美国提出的"欧洲复兴计划"又称作什么?

智者**无敌** 王者为大

智者为王答案

第❶关答案

1. 瑞典。
2. 伦琴。
3. 不是,是波兰人。
4. 爱因斯坦。
5. 莱特兄弟。
6. 泰戈尔。
7. 中国。
8. 英、法、俄。
9. 大西洋和太平洋。
10. 1912年。
11. 萨拉热窝事件。
12. 1914年。
13. 巴尔干半岛。
14. 英国。
15. 凡尔登战役。

第❷关答案

1. 二月革命。
2. 列宁。
3. 十月革命。
4. 《童年》《在人间》《我的大学》。
5. 新经济政策。
6. 巴黎和会。
7. 威尔逊。
8. 波兰。
9. 中国。
10. 凯末尔。
11. 1929年。
12. 胡佛。
13. 产能过剩。
14. 戈达德。
15. 国家干预。

智者为王答案

第❸关答案

1. 意大利。
2. 不是，是奥地利人。
3. 国会纵火案。
4. 爱因斯坦。
5. 墨索里尼。
6. 九一八事变。
7. 佛朗哥。
8. 二二六暴乱。
9. 轴心国。
10. 指对侵略者姑息纵容，退让屈服，以牺牲别国为代价，同侵略者勾结和妥协的政策。
11. 英国和法国。
12. 波兰。
13. 静坐战。
14. 戴高乐。
15. 保持中立。

第❹关答案

1. 日本偷袭珍珠港。
2. 中途岛战役。
3. 斯大林格勒战役。
4. 隆美尔。
5. 意大利。
6. 罗斯福总统。
7. 丘吉尔。
8. 波兰。
9. 诺曼底。
10. 原子弹。
11. 开枪自杀。
12. 1945年10月。
13. 西班牙。
14. 1946年。
15. 马歇尔计划。